Andrea Constanze Kraus

# DIE MYSTIK DER STERNENTORE

Andrea Constanze Kraus

# DIE MYSTIK DER STERNENTORE

1. Auflage 2016

Copyright 2016 by Lichtkristallverlag Suhl, Deutschland
alle Rechte vorbehalten

ISBN
978-3-9813477-3-9
www.lichtkristallverlag.de

Grafikdesign, Texte & Cover /
Gesamtherstellung:
**Andrea Constanze Kraus**

Layoutidee:
**TIna-Lina Kraus**

# INHALT

| | |
|---|---|
| Einführung | 7 |
| Die Essenz der Meditationen | 13 |
| Sternentor Weltenbaum | 17 |
| Inneres Tor – Kristalline DNA | 23 |
| Sternentor Christuslicht | 27 |
| Sternentor Kosmischer Füllestrom | 33 |
| Sternentor 12facher Goldstrom | 39 |
| Toröffnung Herzdiamant | 43 |
| Tor der Mondgöttin | 49 |
| Lichttor Kosmisches Gold | 55 |
| Elementetor Wasser | 59 |
| Initiationsweg Seele | 65 |
| Sternentor Lemuria | 69 |
| Seelentor Weltenherz | 75 |
| Sternentor Shambhala | 81 |
| Sternentor Solare Lichtdimension | 87 |
| Sternentor Avalon | 93 |
| Sternentor Holografische Felder | 99 |
| Sternentor ISIS | 103 |
| Geistige Reise – Multidimensionales Sein | 109 |
| Planetares Tor, GAIA – Erdenmutter | 115 |
| Portal zur Sternenheimat | 121 |
| Planetares Tor Innererde | 127 |
| Schlusswort | 131 |
| Über die Autorin | 134 |
| Neue Publikationen | 135 |

# EINFÜHRUNG

Sternentore sind unsichtbare jedoch in hohem Maße spürbare Energie-Portale, die uns mit den Astralreichen unseres (und anderer) Sonnensysteme und der Galaxien verbinden. Selbst die Erde besitzt viele höhere Schwingungsebenen, die wir Menschen zum Beispiel auch als Anderswelt oder Astralwelt kennen und in unseren Träumen oft bereisen.

Astralwelten – immaterielle Existenzebenen, in denen die Seele im Astralleib vor der Geburt und nach dem Tod schwingt – werden von Engeln, Geistführern oder anderen Licht- (oder Dunkel-)wesen bewohnt. [1]

Wir Menschen sehnen uns daher immer – bewusst oder unbewusst – nach diesen höheren Dimensionen des Lichtes, weil wir dort das Gefühl haben, zuhause zu sein! Der Beginn des „mystischen Pfades der Liebe" ist so gesehen auch ein Rückweg in jene Seelenheimat.

Das physische Universum umfasst Planeten, Sonnen, Sterne, Sonnensysteme, Galaxien die unermesslich viele Lichtjahre voneinander entfernt sind. Dennoch ist es ein Staubkorn im Vergleich zu jenem inneren Universum, das wir mit jeder Meditation, mit jeder geistigen Reise mehr und mehr öffnen werden.

Wie es Dr. George Arnsby Jones in seinem Buch „Der Weg durch die Astralreiche" ganz treffend formulierte, ist die materielle Welt letztlich die dichteste Projektion einer großen göttlichen Idee mit einer sehr geringen Befreiung von Geist-Substanz, die gerade ausreicht, um sie zu beleben und das Leben zu erhalten. [2]

Transzendieren wir nun unser Sein Zug um Zug, so aktivieren sich die Verbindungen zu den feinstofflichen Dimensionen und wir tauchen immer tiefer in das verschmolzene Überbewusstsein und in die Anderswelten ein.

Das bedeutet für uns Menschen eine katapultartige Forcierung unserer Entwicklung! Damit erfahren wir einen enormen Zuwachs an Wissen, eine Potenzierung unserer Fähigkeiten sowie weitere Vernetzungs- und Erkenntnisprozesse, die damit einher gehen!

Wir sind nun in der Lage, uns für kosmische Qualitäten und Informationsmatrixen zu öffnen, die hunderte, ja tausende Jahre nicht mehr auf der Erde empfangen werden konnten, weil die Dichte viel zu hoch, die Lichtkraft sehr gering und das Bewusstsein kaum entwickelt war.

In der aktuellen Zeitepoche erleben wir bereits durch Innenschau geniale Farbsymphonien, durchtränkt mit göttlichem Licht, die wir intelligent oder künstlerisch verarbeiten können.

Bei allen kosmischen Lichtspektakeln dürfen wir etwas zutiefst Menschliches nicht unterschätzen: Mit der Transzendenz ins Überbewusstsein und der seelischen Entfaltung ergeben sich hochkarätige Heilkräfte für den Körper, für unser Leben sowie alle zurückliegenden Inkarnationen! Selbst wenn das alles nicht über Nacht geschieht; wenn verschiedene Themen und Kraftfelder eine ganze Weile benötigen, um sich endlich in Fluss zu bringen...

Selbst dann werden WIR uns in nur wenigen Jahrzehnten derartig verändern, dass wir bleibende Eindrücke im morphischen Feld hinterlassen. Da wir in einem Spiegeluniversum leben, wirken wir dadurch prägend auf unser Umfeld – „Wie innen so außen" lautet das bekannteste kosmische Gesetz des Hermes Trismegistos (atlantischer Priester, auch Thoth genannt) – und schließlich wandeln wir unsere Welt von grundauf!

Für jenes Umdenken, Umorientieren, Neusortieren habe ich mein vorliegendes Buch – und alle meine Bücher – geschrieben.

Ich lade dich daher gern ein (Seelen sagen DU), mit den Initiationsbildern zu schwingen und meditativ durch lichtreiche Sternentore zu fließen!

Über charakteristische Textbilder, Farben, Designs und empfangene Lichtzeichen kannst du dich jetzt den Portalen und den Lichtsegnungen öffnen! All diese wunderbaren Energien unterstützen dich am Punkt deines individuellen Wachstums. Mit Hilfe der neuen Erfahrungsräume erblickst du vielleicht schon bald das ewige und unendliche SELBST.

Die kosmischen Nährströme deiner Sternenheimaten kalibrieren dich neu und lassen etwas Einzigartiges hervor scheinen:

(D) Ein unendliches strahlendes Lichtwesen!

## Wie öffnen wir ein Sternentor?

Grandiose Expansionen des Bewusstseins vollzieht die Menschheit derzeit auf unserem Planeten, selbst wenn es vielfach noch relativ düster scheint...! Aufgrund der ansteigenden Umdrehungsgeschwindigkeiten aller Teilchen (Spin) – individuell und auch kollektiv – öffnen sich exorbitante Frequenzfelder des Lichtes, welche Jahrhunderte lang kaum erfahrbar waren: Die EINstrahlung aus solaren und galaktischen Dimensionen und Sternenreichen.

Immer stärker spüren wir intensive Energien, die uns in Zeiten besonderer Himmelskonstellationen zuteil werden. Wir können entscheiden, diese Segnungen bewusst zu empfangen oder sind ihnen andererseits bedingungslos ausgeliefert. Bisher hat nur eine vergleichbar kleine Menge, (nennen wir sie mal ver-rückte Bewusstseinserforscher), vom universellen Lichtflow profitiert. Die Mehrheit der Menschen war und ist noch nicht bereit, Frequenzupdates bewusst zu empfangen. Sie alle werden jedoch auch ohne Zutun, sozusagen von ganz allein, „lichtquantenbewellt". Mag sein, dass dies sogar die größere Herausforderung darstellt.

Ein Sternentor zu öffnen, bedeutet den eigenen, intelligenten Sternenaspekt wachzurufen. Wir kommunizieren auf diese Art mit der kosmischen UR-Heimat, mit unseren Sternenfamilien!

Es gibt allerdings eine ganze Reihe weiterer Portale und Tore, die ebenso wesentlich für die Entfaltung unseres universellen Seins sind. Es sind zum Beispiel planetare, solare oder lunare Durchgänge, die wir in den kommenden Jahren und Zyklen – im Zuge unserer umfassenden SELBSTrealisation – ergründen dürfen.

• SONNENTORE legen die Lichtachsen zwischen unseren Herzen und den Dynastien der Sonnenreiche frei. Sie schenken uns grandiose Ausdehnungen, neues Wissen. Sie öffnen den Zugang für das menschliche, beschränkte Bewusstsein in das wahre Seelensein. Sonnen-Einstrahlungen übertragen wesenseigene Frequenzen und Farben aus der solaren sowie der galaktischen Sphäre, die unsere Progressionen beschleunigen. Sie liefern punktgenau jene Lichtqualität, die wir im entsprechenden Augenblick benötigen, um den nächsten Schritt zu gehen, den nächsten Loop zu starten. Außerdem erinnern sie uns an die Macht und Kraft großer Herrscher-Inkarnationen und aktivieren daher unseren Pioniergeist.

• STERNENTORE lassen Lichtströme von purer Transzendenz in unser Sein vibrieren, wodurch sich die Lichtverbindung zu den Sternenfamilien und das Wissen um unsere galaktische und intergalaktische Herkunft aktiviert. Sternenlicht erweckt übersinnliche Fähigkeiten, verschmelzt uns ins Allsein. Sternenenergien bringen uns mit dem dimantweißen, spiralförmigen Licht der Zentralsonne in Verbindung und öffnen die Rückerinnerung an unser göttliches Sein. Durch das hochfrequente galaktische Licht werden weitere Facetten unserer Liebes- und Lichtmacht – als entwickelte, universelle Wesen – für die Menschheit und den Planeten empor befördert.

• MONDenergien harmonisieren und balancieren solare und galaktische „Überdosierungen", bringen uns wieder mit dem natürlichen Rhythmus in Verbindung. Sie streicheln sanft jene aufschäumenden Wellenkämme, brechen deren spitze Zacken. Mondenergien helfen uns dabei, Lebenssituationen ausgewogener zu empfinden und kühlen unser Wesen etwas ab. Sie vereinen uns mit der femininen göttlichen Kraft, deren Wesen zurücknehmend, besonnen, mitfühlend, empfangend und weise ist. Über milde Mondlichtströme finden wir wieder Zugang zu alten Bräuchen, alten Ritualen früherer Inkarnationen, in denen wir als Hexen, Kräuterweiber, Heilerinnen oder weise Frauen (und deren maskulines Pendant) lebten und der großen Göttin dienten. Vielfach wurden solche Rituale, Weihungen oder Zeremonien im Schutz des Waldes, hinter den zarten Nebeln der Nacht im Mondlicht vollzogen.

Der Moment ist gekommen in dem wir uns an innewohnende, hochspirituelle Fähigkeiten erinnern und sich jene allumfassende, göttliche Ordnung durch die Welt der Materie hindurch offenbart. Nirgendwo da draußen befinden sich jene Tordurchgänge. Sie liegen einzig und allein in den Tiefen unseres Herzens geborgen. Die Energien der Sterne sind für uns lebendig erfahrbar! Sie fließen in goldenen Strömen durch unsere Körper-, Seelen- und Geistwelten. Daher – öffnen wir uns dem grenzenlosen All-Einen und der sich daraus ergießenden bedingungslosen Liebe!

••• All-ES IST stets HIER •••

Die vorliegenden Meditationen haben WIR (meine seelisch-geistige Führung und das menschliche Ich) auf der Basis langjähriger Transformations- und Coaching-Erfahrungen mit hunderten Gruppen und Einzelpersonen entwickelt. Sie enthalten zahlreiche Schlüsselbegriffe, die der Erinnerung ein wenig auf die Sprünge helfen können und Expansionen erleichtern.

Die Initiationsbilder helfen dir durch Formen, Farben und Bildaussagen, dich in die jeweiligen Energieräume und -qualitäten ein zu justieren. Wenn du die Einführungstexte gelesen hast, widme dich der zugehörigen Meditation. Du kannst die Absätze nacheinander durchgehen und die kanalisierten Botschaften, Schwingungen und Bilder nach und nach studieren. Im Liegen hast du vielleicht die meiste Freude an den Reisen (z.B. als Gute-Nacht-Geschichte...), da sie so am besten verinnerlicht werden. Wenn du anfangs noch dabei einschläfst, lasse es einfach geschehen. Deine Geistführer sind mit dir.

Solange die Reisen dich noch ermüden oder in tranceartige Zustände versetzen, enthalten sie genügend Potenzial, weshalb du sie öfter wiederholen kannst!

• Nutze deine Herzwahrnehmung!

# DIE ESSENZ DER MEDITATIONEN

Durch liebe- und absichtsvolle Aufmerksamkeit entfalten sich auf der Reise zu uns SELBST die höher dimensionalen Räume, die im zeitlosen Strom geborgen sind.

Lasse jeweils innere Bilder zu den Geschichten entstehen! Steige ruhig so tief ein, wie es dir möglich ist und streife mit Hilfe deiner Wahrnehmung durch die Seelen-Landschaften. Erhöhe schrittweise deine Energie, indem du einzelne Absätze ganz entspannt liest und dann in die Meditation über gleitest. Verbleibe im jeweiligen Schwingungslevel bis du schließlich den Text gar nicht mehr brauchst und die entstandenen Bilder beginnen, ihre eigene Dynamik zu entwickeln!

Die Textbilder sind so gezeichnet, dass dein Unterbewusstsein viele Verknüpfungen finden kann, um alte Erinnerungen zu öffnen. So wirst du dich schließlich selbst initiieren und auf den Wogen einer ausgedehnteren Bewusstseinsmatrix surfen.

Stehst du am Anfang deines Bewusstseinswandels, so wirst du diese Meditationen vielleicht nicht sofort am Stück praktizieren können, weil dir dafür eventuell einige Teilchen-Umdrehungen fehlen.

Das macht gar nichts! WIR haben sie schließlich in jedem Schritt hinterlegt. Gehe einfach Punkt für Punkt durch die Übungen und so scheint schließlich dein meisterliches Selbst herein!

In den nachfolgenden geistigen Reisen biete ich dir verschiedene Einstiegsmöglichkeiten an. Wenn es dabei steht, wählst du die entsprechende Einleitung selbst aus. In der meditativen Praxis bleibst du gut im Fluss und so können weitere Kalibrierungen folgen.

## Trainingslauf für dein Energiesystem

In jedem dieser Trainingsläufe für dein Energiesystem geschieht im Zuge verschiedener Meditationen nämlich Folgendes:

- Dein Herz & das Herzchakra dehnen sich aus.
- Du erfährst ein Stück weit Klärung und Heilung dieses wichtigsten Energiezentrums.
- Du erweiterst deine Wahrnehmung – die Königsdisziplin innerhalb der evolutionären Entfaltung!
- Neue, hochkarätige Energien, ungeahnte Potenziale strömen in dein System.
- Das verborgene Licht-Wissen, kosmische Licht- und Farbqualitäten, Lichtsprache oder heilige Geometrien aktivieren sich.
- Damit einhergehend erhöhen sich deine Selbstheilungskräfte
- Unbrauchbare Überzeugungen werden allmählich dem neuen Bewusstsein weichen und du kannst leichter die alte Matrix verlassen, um mit anderen Pionieren unserer Menschheitsfamilie eine neue Lebensdimension gemeinschaftlich zu entwickeln.
- Du kannst ein tieferes Selbstvertrauen und ein besseres Selbstwertgefühl entwickeln.

- Schließlich wirst du auf diese Weise dein wahres SELBST mehr und mehr realisieren!
- Es ergeben sich außerdem viele weitere Vernetzungen und Verknüpfungen, die ich gar nicht benennen kann, weil sie so komplex und zufällig im Flow erscheinen – wenn du dir SELBST vertraust!

Meine Geistsphäre hat dieses Buch liebevoll in ein schönes Schwingungsspektrum getaucht, das sich mittlerweile mehr und mehr entfalten wird.

Habe viel Freude daran!

Von ganzem Herzen und in Liebe wünsche ich DIR, liebe Seele, mehrere Quantensprünge gleichzeitig!

Andrea Constanze Kraus

## · STERNENTOR ·

# WELTENBAUM

Rein physisch bist du natürlich menschlich. Dein multidimensionales Wesen und Sein ist jedoch in Liebe und Licht geborgen. Selbst die Erde ist nur eine deiner vielen Stationen in Zeit und Raum! Als wunderbare SEELE hast du oft verschiedene Sonnensysteme in unserer Heimat-Galaxie (gegebenenfalls auch darüber hinaus) bewohnt und kennst daher viele Planeten- und Sternenheimaten.

Du bist ein Meister auf Erden, sonst würdest du dies gar nicht lesen, weil du mit solchen Informationen und Meditationen gar nichts anfangen könntest.

JETZT und HIER hast du dich vielleicht für eine – nach menschlichen Vorstellungen lange – Erfahrungsreise auf der Erde entschieden. Kosmisch gesehen ist selbst die Zeit hunderter Erdeninkarnationen nur ein kurzer Wimpernschlag.

Realisiere dies JETZT!

## Meditation:

- Fühle deinen Körper und lausche auf das Pulsieren deines Herzens. Nimm wahr, wie das Blut durch deinen Kreislauf, deine Adern strömt.
- Atme und zentriere dich, bis du spürst, dass sich dein Herz auszudehnen beginnt!

- Öffne jetzt alle 7 Körper-Chakras:
    > Wurzel
    > Sexus
    > Solarplexus
    > HERZ
    > Hals
    > 3. Auge
    > und die Krone...
- Spüre die Weite und Beschaffenheit deiner aktuellen Ausdehnung.
- Öffne weitere Energieschlösser – die Chakras, für die du jetzt bereit bist. Spüre in deine planetaren Chakras, die dich mit der Natur, mit der Tier- und Pflanzenwelt verbinden...
- Ein direkter Strahl geht von deinem Herzen zur Erde und verknüpft sich mit dem planetaren Kristallherzen (dieser Raum stellt auch eine Nullpunktzone oder ein Quantenfeld dar).
- Gleichzeitig spürst du, wie deine Lichtwurzeln spiralförmig aus deinen Füßen fließen, liebevoll tänzelnd das Erdreich durchdringen.
- Jetzt – in diesem Moment – hast du Gelegenheit, DANKE zu sagen: Danke geliebte Mutter Erde, dass ich hier SEIN darf! Danke, dass du uns Menschen mit allem versorgst, was wir für das Leben benötigen!
- Nimm wahr, wie es sich anfühlt und lasse die informationsreiche Antwort der Erde emporsteigen. Entfalte dein planetares Wesen mehr und mehr.

- Du bist ein starker BAUM, sinnbildlich, ein Archetyp und gleichzeitig eine Lichtgestalt, die sich von der Erde zum Himmel reckt!
- Dein Körper ist der mächtige Stamm, aus dem Wurzeln über deine Füße hinab fließen... Du bist jetzt tief in der Erde verankert und mit allen planetaren Strömen verquickt!
- Nähre dich mit Hilfe der Erdenmutter. Spüre, dass es einfach so geschieht, weil du es erlaubst!
- Nun hast du starke Säfte und Kräfte aufgenommen und wächst ins Licht, in den Himmel in die Sonne! Die Sonne ermöglicht dir – aufgrund der Lichtsynthese – neue Äste und Verzweigungen auszubilden.
- Sieh, wie sich dein Lichtblattwerk entfaltet, sich schließlich üppige grüne Blätter und einzigartige Blüten entwickeln...
- Zahlreiche Früchte gedeihen wohlgeformt. Alles strömt unaufhaltsam durch dich – die Säfte der Erde vermischen sich nun ganz leicht mit dem Licht der Sonne. In kosmischer Alchemie entsteht ein kristalliner Lebenssaft, der geistig – mit Hilfe des Ätherelementes – alles befruchtet und warm durchströmt!
- Dein grandioser Lichtbaum wurde hier und jetzt erschaffen! In Verbindung von der Erde zur Sonne durchziehst du alle höheren Sphären und assimilierst deren Lichtqualitäten. Über deine Blüten und Früchte verströmen sie sich liebevoll leuchtend, nährend, balsamisch, an alle Wesen, die sich in deinem Wirkkreis einfinden!

- Dein Lichtnervensystem und zahlreiche weitere Lichtvernetzungen entfalten sich. So bist du auf feinstoffliche Art in Kontakt mit allem Leben auf Erden und darüber hinaus.
- Dein kristallines Herz pulsiert mit Mutter Erde, mit der Sonne und den anderen Planeten des Sonnensystems...
- Lasse sanft deine Strahlen, deine Liebeswellen in das morphogenetische Feld einfließen. Fühle dich vereint mit der gesamten Menschheitsfamilie.
- In diesem Moment verschmilzt du mit dem lichtvernetzten kosmischen Bewusstsein. Lasse es geschehen!
- Du bist ein Lichtgigant und damit gleichzeitig auch ein großer Kanal zwischen Sonne und Zentralsonne, sowie der Erde. Hinterlasse deine individuelle Energiesignatur nun bewusst im kollektiven Feld der Menschheit!
- Lade deine menschlichen Brüder und Schwestern ein, herbei zu strömen und dieses neue Wissen zu entdecken! Vielleicht erscheinen dir ihre Gesichter, du siehst ihr Lächeln. Begrüße sie von Herzen und beschenke sie mit dem lieblichen Duft deiner Blüten, mit den süßen Früchten deines lebendigen, strömenden Seins!
- Mühelos und zauberhaft entfaltet sich alles. Der Weltenbaum hält alle Informationen – von der Bildung bis zur Auflösung seiner Schöpfung – in den Atomen gespeichert. Jeder kann in diesem Moment aus der Vielfalt dieser Erfahrungs-Bibliothek schöpfen!

- Sieh wie einige Schmetterlinge mit euch sind, die tänzelnd ihre Bahn ziehen. Jene Wesen transportieren lichtvolle Wogen der Leichtigkeit und Freude, die den Menschen helfen, wahrhaft FREI zu SEIN!
- Die Menschen haben einen Kreis gebildet und tanzen um dich – den Weltenbaum – herum...
- Fühle dein umfassendes Wesen und lasse alle Ströme und Wellen eine ganze Weile frei fließen.
- Verabschiede dich nun von allen Seelen und Wesen, die mit dir in diesem Raum zusammen kamen und danke ihnen.
- Kehre allmählich in deinen Körper zurück. Spüre dich ein und sei vollkommen im Hier und Jetzt, ehe du die Augen wieder öffnest!

Du hast hiermit eine entscheidende Lichtlektion erhalten und wenn du der Weltenbaum warst... auch gemeistert! Die große Menschheitsseele wird nun auch durch dein Wirken das Kollektiv viel kraftvoller durchstrahlen können!

So ist es.

## · INNERES TOR ·

# KRISTALLINE DNA

Unsere DNA verändert sich entsprechend unserer Bewusstwerdung, weil das hochfrequente Licht jene Informationsstränge wieder freilegt, die uns bisher nicht zugänglich waren. Dafür müssen wir nichts „tun". Es geschieht, wenn wir uns seelisch-geistig AUFrichten und möglichst alltäglich die spiralförmige Zirkulation der Lichtenergien entlang des Spinalkanales (innere Wirbelsäule) beobachten.

## Meditation:

- Zentriere dich, begib dich in eine entspannte Position – zum Beispiel in den Yogasitz – liege oder sitze einfach gerade.
- Atme weich fließend, senkrecht durch dich hindurch.
- Öffne dein Herz weit. Lasse dich auf den inneren Herzmittelpunkt ein.
- Nimm deinen Christusfunken wahr – ein hochkarätiges Lichtspektrum der sogenannten 5. Herzkammer (med. Sinusknoten, Hot Point, Hot Spot, elektrischer Taktgeber des Herzens).
- Selbst wenn du es noch nicht deutlich sehen kannst, existiert dieser Liebes-Funke in jedem von uns!
- Gehe auf das Licht zu. Öffne das TOR ins kosmische Licht deiner Christusflamme! Es leitet und schützt dich auf seine Art!

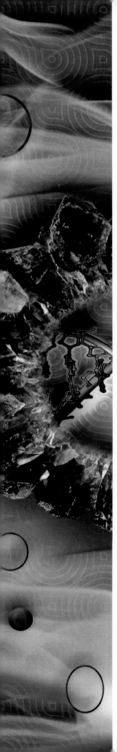

- Vertraue dich der Lichthierarchie JETZT an! Sie sind alle HIER und du kannst sie spüren, wenn du es zulässt. Je mehr du im Moment sein kannst und die Qualität des Augenblicks erfährst, je mehr spürst du auch jene Wesen und Welten, die feinstofflich um uns existieren.

- Öffne dich gleichzeitig dem violetten Strahl und allen Wesen, die mit dem Aufruf der kosmischen Lichtqualität hereinfließen... Zum Beispiel Erzengel Zadkiel , Saint Germain, Lady Portia, Amethyst... Kommunikation mit höheren Sphären, Erweiterung des Bewusstseins sowie Transformation und Transzendenz sind die Potenziale dieses Strahls.

- Hülle dich in den Strahl und lasse alles los, was du als belastend wahrnimmst. Es tropft als schwere Energie von dir ab, wird vom violetten Lichtspektrum verzehrt und alsdann in eine neue Umdrehungsgeschwindigkeit gebracht.

- Tiefer und tiefer gehst du ein und findest im inneren Leuchten der Flammen deinen Herzdiamanten.

- Er erstrahlt im Funkeln eines Lichtermeeres, das sich durch die Brechung der Sonnenstrahlen (der Himmelssonne und der galaktischen Zentralsonne) über seine Facetten entfaltet!

- Betrete diesen Raum. Lasse dich von leuchtenden Farben und sprühenden Lichtreflexen berauschen!

- Regenbogenfarbene Flairs hüllen dich ein. Du öffnest dich weit und lässt zu, dass dich jene farbigen Lichtströme durchziehen. Du erhältst auf diese Art deine erste Farbheilung und Neu-Kalibrierung.

- Lasse deinen Atem bis zum Mittelpunkt des Planeten strömen und verknüpfe deinen Strahl mit dem Kristallherz von Mutter Erde. Sende ihr deinen Liebesgruß und warte auf ihre Antwort!
- Atme über deine Krone aus zur Sonne. Integriere das Sonnengold ins Herz. Es dehnt sich dadurch weit über den Körper aus. Im senkrechten Sonnen-Atem erweckst du dein solares Bewusstsein.
- Aus dem Zentrum der Erde fließt nun ein blutroter, nährender Erdstrom über die Wurzel in deine Zellen. Vereint mit dem goldgelben Sonnenlicht öffnet sich dein Sexuschakra – in orange.
- Atme über die Krone und über die Sonne hinaus in die Galaxie, in das galaktische Zentrum – die Zentralsonne Alcyone! Sei eins im diamantweißen Licht – eins in dieser Synchronisation.
- Diamantweißes Licht fließt über die Krone in deine Zirbeldrüse, die sich dadurch mehr und mehr entfaltet. Der 1000blättrige Lotus öffnet sich!
- Aus dem Zusammenfluß von rotem, goldenen und diamantweißen Licht entsteht rosafarbenes Liebeslicht, das einen hochkarätigen Lichtcocon des Geborgenseins um dich aktiviert!
- Jetzt lasse den Atem vollkommen los, spüre den kosmischen Tanz des Lichtes! Hier gibt es keine Linearität mehr. Vertraue dir SELBST.
- Nun spiralisieren sich alle Lichtqualitäten und bilden als planetares, solares und galaktisches Licht eine qualifizierte Lichtmatrix für die Aktivierung deiner DNA. Lasse es geschehen und fühle, was es mit dir macht.
- Kehre ganz langsam zurück in deinen Körper. Erde dich über den ROTEN Strahl.

## · STERNENTOR ·

# CHRISTUSLICHT

So wie Christus auf diesem Bild zu sehen ist, zeigte er sich auch in meinen Träumen! Sein liebevolles Antlitz erschien mir sehr oft und ich bekam im Christuslicht grandiose Sternentoröffnungen geschenkt! Ich wünsche dir aus ganzem Herzen, dass du dies auch erleben kannst!

Einzigartige Momente waren es, in denen mir die Tränen der Rührung und der Segnungen heiß über die Wangen liefen. Ich erkannte in jenem Christus-Tempel, dass er – wie alle anderen großen Meister und Licht-Entitäten – sich in einem riesigen Verbund bewegt. Die höheren Dimensionen sind hierarchisch aufgebaut. Alle Wesen sind gewissermaßen gleichgeschaltet und so agieren sie vollkommen synchron. Unser Verstand ist damit etwas überfordert, nicht so unser Herz!

>>> Jeder Mensch ist mit dem Christusstrom verbunden.

Erinnere dieses Bewusstsein! In jenen Momenten, in denen du nicht mehr weiter weißt, wenn dir niemand sonst helfen kann... hilft dir Christus!

Öffne dein Herz und lasse die BEDINGUNGSLOSE LIEBE einfließen, die als intelligente Energie alles durchwirken

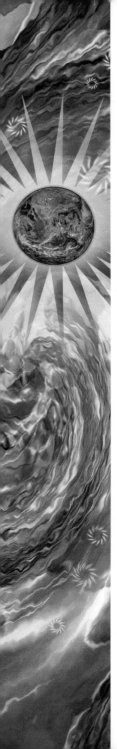

kann und selbsttätig für die Transformation deiner menschlichen Themen, Probleme, Situationen und Umstände sorgt! Daher sind unsere Herzöffnungen so essenziell!

## Meditation:

- Achte auf deinen Herzpuls und lausche eine Weile jenem Rhythmus...
- Entscheide dich, dein physisches Herz zu durchdringen. Indem du es beschließt, geschieht es.
- Tauche tiefer und tiefer ein, bis du dein Herzlicht siehst, jener Liebesflamme gewahr wirst!
- Lasse diese Energien durch dich vibrieren und sei bereit, CHRISTUS wahrzunehmen. Er wird sich dir zeigen... Vielleicht nicht sofort und nicht unbedingt als menschliches Wesen. Du kannst ihn spüren – als liebevolle Energie ganz direkt!!!
- Sprich nun drei Mal in jenes Licht: „Christus ist jetzt durch mich". Spüre, wie dich sogleich reine Christusliebe durchdringt... Erkenne in diesem Moment, dass sich gerade das Tor zur Christus-Matrix in dir geöffnet hat!
- Selbst wenn es beim ersten Mal noch nicht so intensiv wahrnehmbar ist... Bleibe dran und erkenne, dass du es einige Male praktizieren solltest, ehe sich deine Wahrnehmungsebene mehr und mehr entschleiert und aktiviert.
- Dehne dich vollkommen in jene heilsame Gold-

lichtmatrix aus! Fließe so weit du kannst, schwinge und schwebe... Genieße einfach die STILLE, die hier ist.

- Lasse die Erinnerung zu, dass Christus, unser aller Bruder und Gefährte ist. Sprich aus liebendem Herzen mit ihm. Teile ihm mit, dass du dies realisiert hast!
- Empfange seine ANTWORT!
- Die Antworten – Botschaften und Segnungen des Christus – sind so unterschiedlich, wie die Blumen auf unserer schönen Erde! Ausnahmslos alle werden in Liebe gegeben!!!
- Fülle den Raum ganz aus und lausche hinein...
- Welches Problem möchtest du erlösen???
- Bettle nicht darum. Die Meister sehen uns als ebenbürtig an. Sie forcieren deine absolute Öffnung und Hingabe in solchen Momenten...
- Erkläre oder beschreibe dein Problem nicht mit Worten, sondern übermittele es als Gefühls-Impuls. Tauche tief ein in dein Thema und lasse alle Energien in dir zirkulieren... So lange, bis du spürst, dass dein ganzer Körper von deinem Thema durchzogen ist.
- ACHTUNG: Beobachte es! Lasse dich nicht hineinziehen oder davon tragen!
- Wenn du den SEGEN des Christus empfängst, ist alles bereits im Wandel! Beobachte diese Transformation...
- Lasse nun den Atem wieder etwas fester werden.

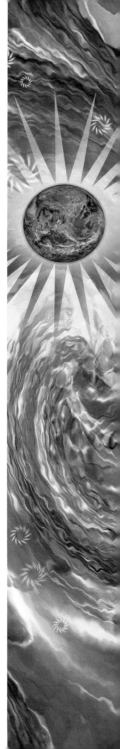

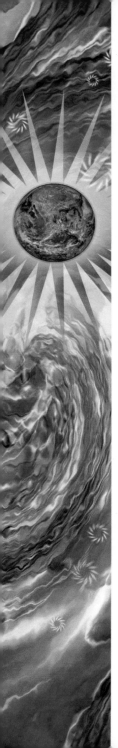

- Beatme schließlich deinen Leib bis in die Fußspitzen, bis in die Fingerspitzen.
- Spüre deinen Körper vollkommen und kehre zurück ins Hier und Jetzt, ehe du die Augen öffnest.
- Trinke nach jeder Meditation viel, damit alle Energien flüssig bleiben!
- Du kannst dich tiefgründiger erden, indem du dich mehr bewegst, eventuell springst oder dich schüttelst, tanzt oder einen kleinen Spaziergang unternimmst!
- Selbst eine kleine Mahlzeit sollte dir das Ankommen im Körper erleichtern.

· STERNENTOR ·

# KOSMISCHER FÜLLESTROM

Natürlich kennt jeder das Mangelsyndrom! Auf unterschiedlichste Weise zeigt es sich bei einem früher, beim anderen später... Bei einem als Geldmangel, bei anderen als Ideen- oder Kreativitätsmangel, als Mangel an Sinnhaftigkeit im Leben oder in weiteren Schattierungen.

Wo taucht in deinem Leben MANGEL auf, in welchen Situationen in welcher Beziehung?

Schau einfach genauer hin! Nimm es wertfrei zur Kenntnis, denn so hebst du es aus den unbewussten Räumen empor, bringst es in Fluss. Bald wird es dich nicht mehr quälen, fesseln, einengen oder deine Kraft schmälern.

Oftmals sind es uralte Programme, Matrizen, Muster, Banne, Flüche, die uns den Zugang zur höheren Seinsebene versperren. Sie steigen aus den Tiefen eigener Inkarnationen, aus den Reihen der Ahnen und schließlich auch aus dem Kollektivbewusstsein auf. Die dunklen Kraftströme entstanden aus zahllosen menschlichen Emotionen wie Ängsten, Aggressionen, Verzweiflung... Durch die Lichtaktivitäten werden sie nun drastisch spürbar!

Sie wabern solange durch das morphische Kollektivfeld, bis sich die Menschen aus jenen dunklen Strömen erlösen

und ihrer seelischen Aufgabe damit gerecht werden, die da heißt: Realisiere dich SELBST!

Es ist kaum hilfreich, dir oder anderen dahingehend Schuld zuzuweisen. Erkenne stattdessen, dass alles weder gut noch schlecht ist.

Sondern: ES IST WIE ES IST.

## Meditation:

- Du kannst die Einleitung von anderen Meditationen übernehmen oder:
- senkrecht atmen • Herz öffnen • gib dich deinem Sein einfach hin • verbinde dich mit Mutter Erde • atme auf zur Sonne
- Spüre nun die Vibration deines Lichtkanals... Ist er aktiv? Fühlst du, wie er sich sanft erweitert und kraftvoller strömt?
- Achte auf dein Herzchakra. Ist es durchflossen, aktiv und ausgedehnt? Tauche tief in deine inneren Räume ein!
- LEERE dich dafür. Lasse die Hüllen und Rollen der Persönlichkeit los, die du zu sein glaubst. Betrachte diesbezüglich deinen Alltag. In welchen Rollen bist du unterwegs? Die Rolle der Partnerin / des Partners, des Elternteils, der Tochter / des Sohnes … des / der Angestellten und so weiter. Mache dich mehr und mehr frei von all dem!
- Tauche ein in dein Mangelproblem... Lasse es in der Innenschau entstehen und erlaube dir in die Räume der Ursachen zu fließen... Was geschah vor langer Zeit, das dich heute noch beeinflusst?

- Betrachte emotionslos jene Bilder und lasse deine Gedanken vorüberziehen. Es sind emotionale Täler und Schluchten, Landschaften des Dunkels, die nun erscheinen können. Auch sie möchten nicht weiter ein Dasein in Trennung und Abgeschiedenheit führen – ebenso wie du! Sie möchten gesehen und beachtet werden, um sich schließlich in neue Chancen und Potenziale zu verwandeln!

- Auf dem Weg der Meisterschaft entwickeln wir unsere Meisterkraft. Hierin ist es unabdingbar, die Wogen des wabernden Dunkels zu transformieren! Öffne dich mehr, um den Energien genügend Raum zu zollen.

- Beobachte aufsteigende Empfindungen und Bilder liebevoll, wie eine Mutter, die ihrem Kind beim Spielen zusieht. Werde dir jener Gefühlssplitter bewusst und öffne dich inneren Abgründen. Sei dir im Klaren darüber: Du bist der Beobachter! Nicht das Opfer deiner Emotionen! Nutze das Prinzip: Erkennen > Integrieren > Verflüssigen > Verflüchtigen > ERLÖSEN!

- SEI IM FRIEDEN damit – Hier und Jetzt – zutiefst, aus ganzem Herzen und in aller Liebe.

- Lass Frieden einziehen, obwohl du es bisher vielleicht nicht geschafft hast, das Thema vollständig zu erlösen. Mache auch deinen Frieden bezüglich der vielen vergeblichen Versuche, das Thema zu wandeln oder bezüglich deines vermeintlichen „Unvermögens"! Löse dich aus der Umklammerung solcher scheinbaren Szenarien.

- Frage dich: WAS erfüllt mich wirklich vollkommen?
- Wage einen weiteren Quantensprung! Erkenne: Es gibt keine Schuld! Daher brauchst du weder dir noch sonst jemandem vergeben. Alles geschah in seelischer Absprache und wenn du dich an ein anderes Bewusstsein klammerst, hängst du darin fest.
- Atme im Goldstrom der MEISTER, ERFÜLLE jede Faser deines Seins mit jener Qualität... Lasse Integration geschehen und fühle dich getragen von dieser Kraft.
- Nutze den SILBERNEN kosmischen Strahl für die rasche Manifestation aller Energien und Strömungsqualitäten!
- Kehre im roten Strahl zurück in deinen Leib.
- Erde dich gut, indem du JETZT bewusst HIER in deinem Körper und damit in der Materie bist!

>>> Achte ab jetzt täglich auf neue Ideen und Inspirationen, die hereinfließen. Sie sind signifikante Wegweiser in eine neue Richtung deiner Lebensflüsse. Notiere, was erscheint und spüre, welche Aufgabe für dich darin lieg. Auf diese Weise wirst du die hohen Energien auf die Erde bringen und materialisieren.

Das Universum ist voller MÖGLICHKEITEN, voller jungfräulicher Potenziale. Es gibt unzählige andere Tore, durch die du gehen kannst!
GIB DICH NIEMALS AUF! Gleichgültig, wie lange es sich hinzieht! Schaust du auf die Zeit, verbleibst du in der 4. Dimension. Vertraue dir SELBST, so

bist du im Fluss! Wir alle haben Zugang zu paradiesischen Ebenen! Machen wir uns bewusst, dass wir lediglich noch einige Schleier entfernen dürfen... und dann sind wir schon da! Der Schlüssel-Code heißt: JA, ich erlaube es! Damit wird uns göttliche Gnade zuteil!

Es liegt an jedem selbst, wie rasch er bereit ist und sich qualifiziert für die höher schwingenden Reiche. Denn eines ist klar, wir müssen uns mit dieser Qualität synchronisieren. Das erlaubt uns kaum, in Angst und Sorge zu schwingen. Und es erfordert unsere ganzheitliche, bewusste Hinwendung und Entscheidung zur höheren Lebensqualität, die wir damit manifestieren und alsdann tätig materialisieren können.

Wenn es heftig kommt: Schau weder in die Vergangenheit noch in die Zukunft. Disziplinere dich, im Augenblick zu sein. Denn, den gestrigen Menschen gibt es gar nicht mehr, da sich jedes deiner Teilchen JETZT neu positioniert!

Daher bist du ein JETZT-MENSCH!

>>> Gleichgültig, wie groß dein Problem ist, es bringt dich nicht um! Es sind nur hinderliche Qualitäten, die sich auftun, damit wir sie beherzt wandeln. Halte dich also nicht in Opferrollen auf, sondern achte auf deinen Wandlungswillen, deine Veränderungsbereitschaft im Jetzt – gleichgültig, wodurch du gerade fließt!

Lerne, ein Meister des Moments zu Sein!

## · STERNENTOR ·

# 12FACHER GOLDSTROM

Die „8" ist ein Symbol der heiligen Geometrie, das uns in geistiger Anwendung vielfältig dienen kann! Die Farbe Gold ist im neuen Zeitalter essenziell für die Öffnung des Herzchakras und des Kronenchakras. Es steht für das „Licht der Erkenntnis".

Durch die Farben Rosa und Smaragdgrün können wir das Herzchakra ebenso unterstützen. Die Farbstrahlen wirken aus ihrer jeweiligen Ebene auf die Aura und den Lichtkörper und tragen alle sehr differenzierte Schwingungen.

Bei der nachfolgenden Kalibrierung geht es um die Vereinigung der jeweiligen Ebenen und Aspekte mit deinem inneren Zentrum. Praktiziere sie, wenn der Lebensstrom dich wiedereinmal herausgerissen hat und du mehr bei dir selbst ankommen möchtest.

## Meditation:

- Richte alle Aufmerksamkeit auf deinen Herzmittelpunkt und beginne die meditative Reise.
- Lasse den Atem zunächst etwas leichter und lösender durch den Körper fließen und lasse los. Lasse los. Lasse los. Entledige dich aller Lasten. Sei der Fluss ...
- Visualisiere einen tiefvioletten Lichtstrahl, in den du eingehst, um alte Energien zu transformieren.

- Atme zwischen Erde und Sonne mehrere Male auf und ab. Spüre, wie die Energien vertikal durch dich pulsieren und damit automatisch deine Chakras öffnen, weil du es zulässt!
- Deine Lichtantenne schaltet sich frei.
- Nimm Kontakt auf mit der goldenen Lichtqualität. Du kannst dir vorstellen, dass sie wie flüssiges Gold ist – ein spezielles Frequenzband.
- Jetzt widme dich den goldenen Achten und ziehe den Strom senkrecht und waagerecht durch dich hindurch.
- Ziehe die ACHTEN zunächst vertikal 3 mal flach und 3 mal tief = 6. Genauso horizontal – 3 mal liegend und 3 mal stehend = 6.
- So ziehst du 12 goldene Licht-Achten, um die Energien auf deine Herzebene auszurichten Zum anderen kannst du Räume und Zeiten miteinander verschmelzen oder abgespaltene Teile zurückziehen und so weiter…
- Diese Übung hilft, innere Balance zu entwickeln und sogenannte Nebenspielräume ins Bewusstsein zurückzuholen.
- Weitere Modalitäten stehen dir zur Verfügung für Räume, Qualitäten oder Aspekte:
- Ziehe die goldenen Licht-Achten zum Beispiel immer abwechselnd vertikal und horizontal zur Justierung aller Chakras auf das Herzchakra. Bewege dich koordiniert Chakra für Chakra voran. Beginne mit den am weitest entfernten: die Wurzel und die Krone > kreuze die Lichtacht im Herzen. Dann das 3. Auge und das Sexuschakra, zuletzt den Solarplexus und das Halschakra.

- Ziehe die 12-fachen Achten zwischen deinen Namensaspekten (bei mehreren Vornamen). Jeder Aspekt beinhaltet andere karmische Muster, die erlöst werden wollen! Und vertiefe dich in die Qualität, die sich dann öffnet.
- Es gibt noch eine Reihe weiterer Bezugspunkte die du so „entpolarisieren" kannst...
- Danach praktiziere eine gut spürbare Erdung!

Wir erforschen in den folgenden Jahren (nicht in Stunden und Tagen), wie wir mit den gechannelten Tools kreativ umgehen und sie in unser Leben integrieren können!

Beobachte dich selbst viel öfter und finde heraus, wie du dieses Wissen noch umsetzen kannst!

Es gibt tausende und abertausende weitere Lichtfrequenzen, für welche wir uns bereits qualifiziert haben und die in Prozessen, Transformationen und Erlösungen sehr hilfreich sind!

Beim 12fachen Gold-Strom ist wesentlich, worauf du deine Absicht legst und wie weit du in der Wahrnehmung diese Achten ziehst.

Goldenes Licht erhöht dein Schwingungslevel! Gleichzeitig legt es eine schützende Hülle um dich, die einfließende Energien ein Stück weit harmonisiert und entzerrt.

· TOR☉FFNUNG ·

# HERZDIAMANT

Wie Diamanten in der glühenden Hitze des Erdinneren reifen und eine Ewigkeit im Dunkel verborgen bleiben, ehe sie ans Licht befördert und ihre Kristallflächen zu Hochglanz gebracht werden – so ergeht es uns selbst. Ein Diamant vereint in sich die Elementarkräfte des Feuers und des Wassers, die gleichermaßen auch in uns liegen. Betrachten wir uns als jene Hochkaräter, die aus dem Dunkel des Unbewusstseins jetzt ins Licht des neuen Morgens strömen und facettenreich ihr atemberaubendes Strahlen entfachen!

Auf ätherischer Ebene nutzen wir die Lichtbrechkraft des Diamanten, um jene Qualitäten der Liebe in unser Leben, in das nähere Umfeld und schließlich in die Welt, zu allen Lebewesen wirksam auszustrahlen!

Längst vibriert jene Diamantqualität über das Multi-Spektrallicht der Zentralsonne Alcyone und über die Sonne seit 2012 in die Menschheitsfelder hinein und katalysiert das evolutionäre Wachstum auf Erden.

Was wir bisher vielleicht so vehement im Außen zu beobachten suchten, zeigt sich schon innerhalb unseres Herzchakras. Über unsere kosmische Antenne sind wir mit der

Sonne und darüber ebenso mit dem diamantenen Licht der Zentralsonne in Resonanz. Dieses Licht öffnet im bewussten Empfangen unsere Zirbeldrüse (geistiges Zentrum).

Im Herzen erwartet uns zugleich das Licht-Königreich der liebreichen SEELE, das wir täglich neu entdecken und in welchem wir unseren Thron einnehmen dürfen!

Es ist so nah, dass wir es bislang schlicht übersahen, es nicht für „voll" nahmen oder es belächelten... Im Herz-Inneren finden wir das TOR ins multidimensionale Sein, wodurch wir alle neuen Wege finden, alle neuen Potenziale öffnen. Immer ein Stück weiter dringen wir hier vor, immer ein wenig tiefgründiger entdecken wir die Sphären des Lichtuniversums. So war bisher kein Weg zu weit und kein Tal zu tief, das wir durchzogen! Es half uns, die dichten Schleier der Verdammnis, der Dunkelheit, des Nebels, der Angst, wie des Schmerzes, von uns zu reißen und die Schwere abzuschütteln.

## Meditation:

- Stimme dich entsprechend ein – öffne dein Herz und atme vertikal.
- Visualisiere einen lichtvollen Diamanten als absoluten Mittelpunkt in den Tiefen deines Herzens... Schwinge sanft und liebevoll in die inneren Welten...

- Anfangs mag er vielleicht ganz klein erscheinen. Je näher du heran reichst, um so größer zeigt er sich, um so schöner kann er strahlen!
- Sieh, wie sich das Licht der Sonnen in seinen Facetten bricht! Du erlebst eine strahlende Farbexplosion! Die Farblichter umfangen dich und du wirst in das Innere des Diamant-Tempels getragen.
- „HIER" gibt es keinen anderen RAUM und „JETZT" hören die Uhren der Zeit auf, zu ticken. Realisiere diese neue Dimension!
- STILLE – FRIEDEN – LIEBE – LICHT – FREUDE & GLÜCKSELIGKEIT
- Hier triffst du deine Geistführer und Engel, das innere Kind, deine Ahnen und die Krafttiere, sowie deine Sternengeschwister...
- Warum bist du hier? Spüre in das Thema hinein, das du mitgebracht hast. Erlaube dir, es jetzt zu transformieren...
- Lausche den Botschaften, die aus der Wahrnehmung der Stille nun an dein Ohr dringen mögen. Achte auf die Bilder, die sich hier zeigen.
- Integriere sie wertfrei und liebevoll, bis du mit allen Energien im Fluss bist.
- Strahle dein goldenes Herzlicht nun in die Welt! Die Facetten des Diamant-Tempels wirken verstärkend auf alle Energien!
- Du bist ein (er-)leuchtendes Sein, in den zarten und fließenden Pastelltönen deines feminin schim-

mernden Lichtes, sowie in den kraftvollen und feurigen Farben deiner maskulinen Ausstrahlung – je nachdem, in welchen Energien du gerade unterwegs bist...

- Du SELBST bist jetzt hier! Realisiere, dass du der Beobachter aller Räume, aller Begebenheiten, aller Sphären bist. In diesem Flow bist du eins mit allem was ist, mit allen Meistern, allen Engeln, allen Wesenheiten des Lichtes UND des Dunkels. Daher laufe nicht mehr länger vor dir selbst davon! Entdecke dich!

- Dehne jenes neue SELBSTbewusstsein aus. Fließe als EIN Licht-Liebeswesen in dein Haus, in deine Umgebung... über die Stadt und das Land hinaus, über ganz Europa hinweg und schließlich über die ganze Erde.

- Sieh dich als ein großes, lichtvolles Sein, das im Herz-Liebesstrom des verschmolzenen Herzens der Menschheitsfamilie schwingt!

- Nach einer Weile... fließe zurück in deinen Körper, in jede einzelne Zelle und leite den neuen Informations-Energiestrom dorthin. Fließe mit dem Blutstrom, integriere jene Energien auch hier.

- Erlebe das erdende und leuchtende Rot der Verkörperung eine Weile.

- Kehre vollkommen zurück und spüre deine Füße auf dem Boden. Öffne deine Augen. Lasse dir Zeit. Sei ganz bei dir.

Spüre deinen menschlichen Leib, bewege und strecke dich, ehe du die Augen wieder öffnest und vollkommen ins Wachbewusstsein zurückkehrst.

## · TOR DER ·
# MONDGÖTTIN

Die Mondgöttin herrscht in der Nacht, wenn wir Menschen schlafen und der Geist auf Reisen ist. Wie kein anderes Wesen dient sie uns, Altes loszulassen und in unsere natürlichen Rhythmen zurückzufinden.

Die Mondin, jene lunare, weibliche Energie, ist ein Ausdruck der großen Göttin. Ihrer femininen Kraft und dem großen Wissen konnten sich die Menschen in den vergangenen Jahrhunderten vielfach nur im Verborgenen oder in der Dunkelheit öffnen.

Über das Mittelalter hinweg – vom 15. bis zum 18. Jahrhundert etwa – wurden die weisen Frauen und Heilerinnen, Kräuterkundigen und Seherinnen als ‚vom Teufel Besessene' durch Inquisitoren verfolgt, verhört und gefoltert. Im Glücksfall wurden sie lediglich aus der Familie und ihrer Gemeinschaft vertrieben. Vielfach verbrannte man sie vor versammelter Menge auf lodernden Scheiterhaufen. Damit starb das Naturwissen, die Weisheit und die große Kraft jener weisen Frauen.

Oder die Priesterinnen von Avalon – sie hielten ungezählte Rituale im Mondschein ab, um mit dem Fluss der femininen Qualität in Verbindung zu sein. Selbst die alten Mysterienschulen kannten die Kraft der Elemente, die Zyklen des Mondes, die Geheimnisse der Sternenkonstellationen, wie die Qualität jedes Tierkreiszeichens und lehrten ihren Adepten jene mystischen Zusammenhänge!

Für uns Menschen ist es heilsam, wenn wir uns die Wirkung der Mondkraft auf die Erde und auf alles Leben, sowie auf unseren physischen Körper bewusst machen!

Blutmonde und Mondfinsternisse – wie wir sie in diesen Jahren häufiger erleben – sind Augenblicke der intensiven Wandlung und Transformation, falls wir deren Zeitqualität erkennen und nutzen! Sie tragen dazu bei, dass sich die Menschen der großen Göttin wieder nähern – und damit dem inneliegenden Aspekt ihrer selbst! Die femininen Wandlungsströme erfrischen und inspirieren uns und bringen unsere weibliche, sanfte Seite mehr zum Klingen. Wir können unser Sein einmal mehr im femininen Licht betrachten.

Alle Objekte des verkörperten Universums – Sterne, Planeten, Sonnen und Monde (der Planeten) strahlen subtile Energien ab, die uns nicht nur körperlich sondern vor allen Dingen auch spirituell intensiv beeinflussen.

Vollmonde und Neumonde sind Lichthöhepunkte jener Zyklen und wirken durch ihre exorbitanten Energien viel stärker mit den Gravitationskräften der Sonne zusammen, als in normalen Nächten.

Nach vedischer Lehre werden zu diesem Zeitpunkten einige Elemente der Erde gewissermaßen getriggert – Erde, Wasser und Luft – die sich dann stärker ausdehnen und somit ein feinstoffliches Druckfeld erzeugen. Dieser Überdruck wirkt sich auf alle Kraftfelder verstärkend aus!

Daher nutzt(e) man – früher, wie heute – diese MAGIE, um die Mächte der Finsternis oder die Mächte des Lichtes anzurufen!

Die Mondenergien sowie das Mondlicht wirken vielschichtig – auf physischer, emotionaler und mentaler Ebene. Manche Menschen können vor oder in der Vollmondnacht zum Beispiel nicht richtig schlafen, schlafwandeln oder sind verwirrt. Die Mondenergien haben Auswirkungen auf den monatlichen Zyklus der Frau und ebenso auf unsere Gefühlswelt.

Mit dem Neumond können wir Neues beginnen oder aber schlechte Gewohnheiten und Süchte endlich ablegen. Genauso werden Fastenkuren, Entgiftung – alles wobei wir loslassen wollen – positiv beeinflusst.

Der zunehmende Mond ist aufbauend, speichert Energie. Damit fließen unterstützende Wirkkräfte für Projekte, Planungen, neue Vorhaben, die Umsetzung unserer Visionen herein. Auf körperlicher Ebene dürfen wir uns entspannen und regenerieren – eben Energie tanken.

Vollmondenergien nutzen wir, um spirituell aktiv zu sein. Wir können Rituale durchführen, Zeremonien, können heilige Handlungen praktizieren, Anrufungen zelebrieren oder Mantras chanten... Mit dem Vollmond wird uns das volle Potenzial an spiritueller Unterstützung zuteil.
Körperlich sollten Operationen dringlichst vermieden werden!

Mit dem abnehmenden Mond lassen wir los und atmen aus. Kräfte und Energien fließen damit aus. Wir können ebenso Gifte ausschwemmen, schwitzen, entschlacken, Fastenkuren, Entgiftungen durchführen und alles, was wir herauslassen wollen.

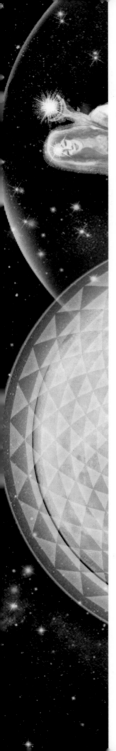

## Meditation:

- Suche dir den nächsten Vollmond aus und beginne mit deiner Meditation in einer Art, wie du es auf anderen Seiten des Buches vorfindest.

- Verbinde dich mit Mutter Erde und wie durch eine Lichtstrasse mit der Mondgöttin!

- Betrachte den Vollmond eine Weile, ehe du die Augen wieder schließt...

- Was hast du vor, welche Vision möchtest du voran bringen? So nutze dieses Vollmondritual, um spirituelle Kräfte und Mächte zu integrieren! Lasse dich in allem unterstützen und führen! Im silbern schimmernden Mondlicht fließen hohe feminine Wesenheiten, die du anrufen kannst, sowie Gaia, den Spirit der Erde!

- Nun tauche tiefer in die Sphären des Mondlichtes ein. Kommuniziere auf Herzebene mit der weisen, weiblichen Kraft und Macht!

- Nimm jene Energien und Kräfte in deinen inneren Bildern wahr, die nun strömen... Gebe dich allem in Liebe hin!

- Du kannst der Mondin liebevoll erlauben, ihre Lichtsignatur in deinem System zu hinterlassen, wenn du magst...

- Du trägst nun ihr Lichtzeichen in deiner Aura! So ähnlich, wie die Priesterinnen Avalons eine Mondsichel auf der Stirn trugen. Du wirst nun in allen Dimensionen erkannt als eine Tochter (ein Sohn) der Mondgöttin. Dein feminines Wesen erstrahlt nun in aller Schönheit.

- Integriere nun das Lichtwissen dieser Sphären, denn es ist HIER! Es ist hinterlegt als pastelliges Farbenspiel, als ein opalisierendes Schimmern und hauchzartes, silbernes Glitzern.

- Lass' dich in diesem Moment aus ganzem Herzen auf deinen femininen Aspekt ein und schwinge eine Weile mit deiner inneren Frau (gleichgültig ob du selbst männlich oder weiblich bist, wir tragen beide Aspekte in uns).

- Spüre ihr Wesen, ihre Erscheinung, ihre Energie... Teile dich im SELBSTgespräch mit.

- Was fühlst du? Erinnerst du dich an etwas oder zeigen sich Bilder, Farben, Wesen? Erhältst du eine Botschaft?

- Empfange nun das segensreiche Schimmern des Mondlichtes, das deinen weiblichen Aspekt klärt und bereinigt, dein ganzes Wesen angenehm kühlend kristallisiert...

- DANKE und spüre die große Demut vor der Schöpfung Gottes & der Göttin.

- Du bist Eins! Du trägst nun den Zauber der Nacht und der Mondgöttin ewig in dir!

Wenn du magst, kehre allmählich zurück und tauche in die erdnahe Sphäre ein. Spüre die Erde und erfülle deinen Körper mit dem silbern schimmernden Mondlicht. Fühle dich im Schoße der Mondgöttin und aller femininen Entitäten neu geboren!

## · LICHTTOR ·

# KOSMISCHES GOLD

Das Sternentor „Kosmisches Gold" beherbergt eine neue Lichtformel, wodurch die Teilchen, die uns ausmachen, unmittelbar in eine andere Umdrehungsgeschwindigkeit wechseln. Gleichzeitig legt das kosmische Gold einen Schutzmantel um unser Energiesystem. Es ist eine Übermittlerfrequenz für den Einfluss aller Energien aus höheren Sphären, sowie des höheren Wissens, das uns dabei hilft, unser Sein im Gefüge der kosmischen Heimat tiefer zu erfassen und zu erkennen!

Öffnen wir dieses wunderbare Sternentor!

## Meditation:

- Zentriere dich in deiner inneren Mitte.
- Öffne dein Herz, damit die Liebe in großen Strömen hereinfließen mag.
- Atme senkrecht – hoch hinaus und tief hinab.
- Gib dich einfach dem Strom hin und erlaube den Lichtintelligenzen durch dich zu wirken – für deine weitere Öffnung und Ausdehnung... Lasse es geschehen!
- Spüre, wie weit und frei du nun mit einem Mal bist! Schwinge mehr und mehr in der STILLE deines Herztempels und lasse dich durchziehen von allen Farben, derer du hier gewahr bist!

- Schau sie dir an und spüre ihre Qualität. Lasse dich von ihnen tragen und beflügeln...
- Sieh dein menschliches Sein liebevoll im Strom der planetaren Energien und sende Mutter Erde deinen Liebesgruß direkt ins kristalline Herz.
- Beobachte, wie sich deine Lichtverbindung aktiviert, von der Wurzel abwärts, durch die planetaren Chakras hindurch – in die Ebenen der Tiere, der Pflanzen und der Minerale.
- Der Strom fließt über dein Herz zurück bis zur Krone... und darüber hinaus zur Sonne. Indem du mit dem goldenen Strom atmest, öffnen sich alle weiteren Chakras für die du bereit bist – wie die solaren und seelischen Chakras.
- Lasse es geschehen und fühle deine Flüsse!
- Realisiere deine Verbindung zur Sonne und zum Sonnensystem, zur gesamten Planetenfamilie. Sieh dem Reigen der Himmelskörper zu, die auf dich einwirken.
- Sende deinen Liebesgruß an die Sonne und an die Planeten unseres Sonnensystems... empfange nach einer Weile ihre Antwort als Lichtvibrationen in deinen Feldern, in deinem Herzen, das sich dadurch weiter öffnet! So bringt sich langsam aber gleichmäßig der GOLDSTROM in Bewegung. Durch deine Präsenz IST er im Fluss!
- Realisiere dich SELBST. Du bist in diesem Augenblick nicht menschlich! Du bist Lichtgold, reines Bewusstsein. Du bist die liebende SEELE – aber nicht menschlich!
- Sieh durch die vielen Schleier hindurch auf dein

körperliches Wesen. Erkennst du deine Gestalt? Das ist dein Menschsein! Liebe deinen Körper – wie auch immer es schafft, diese hohen Energien zu beherbergen!

- Fließe nun auf jener balsamischen GOLDENEN LICHTWOGE durch alle Körper zurück in deinen physischen Leib!
- Beobachte dabei, wie dein menschliches Sein in den goldenen Fluss transzendiert und sich innerhalb der Lichttransformation neu ausrichtet.
- Beobachte die Teilchen, das Flirren, spüre das Vibrieren. Erfülle dich mit dem wertvollen kosmischen Liebeslicht! Fühle dich nun als Mensch ebenso im SONNEN*LICHT*GOLD getragen und geborgen. Beginne bewusst jene Frequenzströme in jede einzelne Zelle zu integrieren... Atme dabei tief und gleichmäßig.
- Lass dir solange Zeit, wie du brauchst.
- Kehre dann langsam ganz zurück ins Hier und Jetzt. Verwurzele dich wieder in Mutter Erde und bewege deinen Körper.

## · ELEMENTE-TOR ·

# WASSER

Die Wasser der Erde sind tiefgründig! Alle Informationen über die Beschaffenheit des Planeten und seiner Naturreiche sind im Wasser gespeichert. Somit kann uns dieses Element sehr viel altes Wissen offenbaren, wenn wir uns auf unterschiedlichen Ebenen mit ihm beschäftigen. Das wiederum dient uns letztlich dazu, intensiver mit der Natur und mit allem Leben zu verschmelzen!

Die Wasser tragen uns rauschend und glucksend auf ihren Wellenkämmen davon. Im ewig gleichförmigen Wiegen erinnern sie uns an den UR-Rhythmus des Lebens. Woge um Woge werden wir so zurück befördert an den Ursprung unseres Seins auf Erden! Schwimmen wir im Strom und tauchen ein in die Qualität des flüssigen Elementes, das uns geborgen hält und nährt.

In der Analogie des Wassers entdecken wir emotionale Aspekte. Mit elementarer Unterstützung können wir unseren Gefühlen auf heilsame Art Ausdruck verleihen und blockierte Emotionen in Fluss bringen. Möglicherweise sind wir dann ein wahrer Segen für unsere Mitmenschen!

Ebenso steht das Wasser mit dem freien Fließen unserer Körperströme in Beziehung. Sind wir mit dem Element im Einklang, entspannen sich die Organe des Wassersys-

tems – wie die Blase und die Nieren. Sie können sich schneller regenerieren und entspannen als zuvor. In der Beschäftigung mit diesem Wesen verflüssigen sich unsere Körpersäfte, wie die Lymphe und das Blut. Körperwässer wie Tränen, Schweiß und Harn kommen gleichermaßen in Bewegung, was zu einer besseren Durchfeuchtung und Versorgung aller Organe und Strukturen beiträgt.

„Wie innen so außen" – zeigt es sich auch hier, wenn wir die Heil- und Transformationsprozesse auf seelisch-geistiger Ebene unterstützen.

## Seelisch-geistige Reise:

- Beabsichtige jetzt deinen inneren UR-Ozean zu finden!
- Öffne dein Herz – als den ewigen und unendlichen Raum des Lichtes und der Liebe.
- Erfahre eine Weile die innere STILLE. Atme entspannt entlang der Wirbelsäule.
- Schwinge sanft, mit dem Pulsieren deines Herzens, im Flow des machtvollen inneren Tempels.
- Empfange hier dein inneres Kind.
- Wie zeigt es sich? Kein Wesen steht mehr mit deiner Gefühlswelt in Verbindung, spiegelt dir diese Aspekte deutlicher, als dein inneres Kind. Es ist ein wunderbares Wesen, das dir diesbezüglich wertvolle Hinweise geben und dir gleichermaßen die inneren Tore öffnen kann.

- Beobachte, was du siehst und wahrnimmst. Gehe auf das innere Kind zu und umarme es von ganzem Herzen. Hülle dich mit ihm in eine zartrosafarbene Herzliebeswolke ein.
- Nenne ihm deinen Beweggrund. Lege das Augenmerk auf deine derzeitige emotionale Verfassung. Habe den Mut, Situationen anzuschauen, die nicht im Fluss sind oder die sich nicht gut anfühlen.
- Teile dies dem inneren Kind telepathisch mit. Keine Angst, es versteht dich vollkommen ohne Worte, denn es ist ein Teil von dir.
- Lasse dir für diese Stationen genügend Raum, ehe du weitergehst.
- Wenn du bereit bist, bitte das innere Wesen, dir den Weg zu zeigen, an dem du all das erlösen und heilen kannst, und es geschieht unmittelbar. Nimm dazu die Hand des Kindes und lasse dich führen, bis du an eine innere Pforte gelangst: das TOR in die WASSERREICHE. Fließe mit dem Kind hindurch.
- Ihr werdet von einem Wasserwesen in Empfang genommen. Durchsichtig und klar, beständig im Fließen, zeigt es sich. Kannst du es wahrnehmen? Nutze deine inneren Hände, um es zu fühlen. Es ist vollkommen aus Wasser und trägt wie kein anderes Wesen alle Merkmale dieses flüssigen Elementes. Manchmal zeigt es uns seine Umrisse deutlicher und dann wieder verschwimmen die Konturen bis zur Unkenntlichkeit.
- In freudiger Bewegung nimmt es dich mit auf die Reise.

- Betrachte diese Wasser-Entität liebevoll und beginne mit ihr zu kommunizieren:
  Was lehrst du mich,
  du fließende Gestalt?
  Bist so glitschig und geschmeidig
  so freudig und beweglich
  und außerdem noch kalt...
  Als ein Wesen der Bäche, der Flüsse,
  der Ströme und der Meere
  bist du nun hier.
  Was – wenn ich mit dir wäre?
  Würden wir uns kampeln und necken?
  Auf schwaumweißen Kronen
  die Sonne wecken?
  Nimmst du mich auf
  in deinen Wasserlauf?
  Wär' ich doch aus gleichem Element,
  so würd' ich auch springen und tanzen,
  würd' spritzen und plantschen!
  Ach wär meine Freud' so groß!
  Doch – wie gelingts mir bloß?

- Alsdann antwortet dir das Wasserwesen. Lausche, was es dir erzählt... Es trägt dich fort, durch die Schnellen der Flüsse, die Wogen der Meere in die Tiefen des UR-Ozeans!

- Lass' geschehen, was geschehen will und folge dem sanften Ziehen der Wasserwesen und des inneren Kindes. Lasse dich nieder, nimm alle Informationen und Farben, das ganze Spektrum der Wasserreiche in dir auf. Es können sich hier durchaus weitere Situationen ergeben, denen du in Wahrnehmung folgst...

- Die Elemente an diesem Ort interagieren mit dir. Schau dich um. Bist du in einer kleinen Grotte, am Fluss, am See, am Wasserfall oder schwimmst mit den Delfinen und Walen im Ozean?
- Beobachte, welche Wirkung das Wasser auf dich entfaltet. Alles dient dir als TOR in dein Unterbewusstsein.
- Hier entdeckst du deine andere Seite, dein verborgenes Ich. Sei mutig, es anzuschauen. Wenn schmerzliche Erinnerungen aufsteigen, so helfen dir die Geister und Meister des Wassers, all das zu erlösen! Erlaube, dass es geschieht!
- Achte darauf, dich weniger auf die Bilder zu konzentrieren, sondern eher auf die Wahrnehmungen. Was fühlst du gerade?
- Kommuniziere mit den WASSERWESEN. Ströme, wirble, tanze mit ihnen eine Weile... und empfange neue Botschaften und Bilder. Längst bist du nicht mehr „Körper", sondern du bist mit dem Wasser EINS.
- Vertraue dem Element als einem Bestandteil deiner selbst – so erfährst du eine Rückkopplung an die Urströme des Lebens! Lasse dir also genügend Zeit.
- Wenn du bereit bist, kehre – allmählich – und sanft in dein Wachbewusstsein zurück.
- Erde dich im roten Strahl.

## · INITIATIONSWEG ·

# SEELE

Glaubst du noch immer daran, dass du eine SEELE hast? WIR würden gern mit dir in die Räume deiner Seelenheimat reisen. Dort erkennst du vielleicht – liebe SEELE – dass du einen Körper hast.

Das ist ein markanter Unterschied – den du mehr und mehr spürst, wenn du dein menschliches ICH öfter aus dem Blickwinkel des wahren Seins betrachtest.

## Meditation:

- Lasse dich mit dem Pulsieren deines Herzens in die Tiefen deines Selbst tragen... Werde weit und frei, lasse alles los. Deine Ströme fließen frei!
- Alle äußeren Geräusche dürfen jetzt gehen, alle Gedanken aus dir herausfließen. Halte nichts mehr fest. Kehre ein in die inneren Kammern deines Herzens – in das innere Universum – tiefer und tiefer...
- Öffne dich der STILLE, die hier ist... und so entfaltet sich ein völlig neuer, ausgedehnter Wirkungskreis. Fließe, geliebtes Wesen, nun im tonlosen Strom deines ewigen Seins in die Weiten von Raum & Zeit...
- Schwebe im Flow davon, der dir dabei hilft, immer leichter und transparenter zu sein...
- Längst hast du deine materielle Hülle verlassen, schwebst nun hoch über der Erde. Unter dir ist dein Haus, in dem du lebst, deine Familie, deine Freunde.

Du überfliegst dein Land, deinen Kontinent und schließlich die ganze Erde! Ja du kannst fliegen und es fühlt sich so gut an. :-)

- Wirf noch einmal einen Blick zurück auf deinen Körper, denn du bist nicht dein Körper, du bist ja hier in den weiten Höhen der Lüfte, über den Bergen und Tälern, den Flüssen und den Meeren der Erde!
- Dein Körper wurde zurückgelassen, denn auf deiner Reise kommst du viel besser ohne irdisches Gepäck voran!
- Plötzlich hörst du ein leises ZISCHEN, eine Art Fauchen... Du spürst, dass du hier in diesen Lüften nicht alleine bist. Irgendetwas nimmt dir die Sonne... Ein Kondor hat sich zu dir gesellt und schwebt mittels Thermik der Lüfte über dir. Seine Flügel erscheinen dir groß wie ein Sonnendach, denn sie messen bis zu drei Metern! Du spürst, wie er mit dem Element des Windes verbunden ist. Ein einzigartiges Krafttier, ein Einweihungstier, das gekommen ist, um dich zu führen!
- Überlasse dich nun vertrauensvoll dem größten aller Greifvögel! Er bringt dich an einen Ort, den du tief im Herzen kennst und an dem du etwas erfahren wirst. Lasse dich darauf ein und beobachte, wie du dich immer mehr von der Erde entfernst, immer höher hinausfliegst. Längst bist du über den höchsten Gebirgen der Erde, denn hier kennt sich dein Vogelfreund sehr gut aus.
- Du bist in den Bergen des Himalaja.
- Auf einem Felsplateau setzt er dich sanft nieder und überlässt dich dir SELBST.
- Die Luft in dieser Höhe ist dünn und du brauchst

eine Weile, ehe du dich akklimatisiert hast. Es gibt keine Möglichkeit von dem Plateau abzusteigen. Soweit ist dies dir bewusst. Du lässt deinen Blick über die gigantischen Bergrücken gleiten und entdeckst, wie unglaublich schön unsere Erde ist...

- Zart melden sich alte Erinnerungen... Du weißt, dass du nicht zum ersten Male hier bist. Du kennst diesen Berg, kennst den Himalaja gut.
- Plötzlich durchströmt es dich! Eine Energie ist hier, die du kennst... aber lange nicht mehr gespürt hast: Aus dem Nichts taucht ein ehrwürdiger Yogi-Meister auf. Nur mit einem Lendenschutz bekleidet, scheinen seinem sehnigen, ewig jugendlichen Körper weder Kälte noch Sonne etwas anzuhaben.
- Jener Yogi ist eine der ältesten Seelen dieses Planeten und er wird dich führen. Überlasse dich vertrauensvoll. Er nimmt dich in seine dunkle Felsenhöhle mit, in der er seit tausenden Jahren existiert. Ja, du hast richtig verstanden – seit tausenden Jahren. Er kennt die Tore durch Raum und Zeit und führt dich an jenen Ort, den er aus deiner Akasha liest. In vielen Leben wurde dir dort etwas bewusst. Überlasse dich seiner Führung!...
- Wenn du nach der langen Reise zurückkehrst, frage dich selbst:
- Bin ich ein Mensch mit einer Seele? Oder eine ewige Seele, die nur vorübergehend in (m)einem Körper wohnt?

## · STERNENTOR ·

# LEMURIA

Unser Herz trägt bis heute das Wissen um die Hochkultur Lemuriens – jenem vor Äonen der Zeit im Pazifik versunkenen Kontinent zwischen Asien und Amerika. (hierzu gibt es keine genauen Angaben) In Weisheit und Liebe lebten die Menschen dort miteinander im Einklang und ihr Sein war noch zutiefst mit den Mysterien der Erde und des Kosmos verwoben. Sorgsam wurde dieses lemurianische Wissen innerhalb des Akasha-Kristalls aufbewahrt, damit das versunkene Erbe jederzeit abrufbar sein würde, falls wir bereit wären... J e t z t !

### Geistige Reise:

- Schließe deine Augen und atme in dein Herz, öffne es und lasse alle Ströme frei fließen...

- Löse dich von deinen Alltagsgedanken, von deinen Sorgen und Nöten, von all deinen Verpflichtungen und Aufgaben... Löse dich einmal mehr komplett aus deinem Leben heraus. Ziehe dich zurück in dich selbst.

- Nimm dein wahres Wesen wahr, das sich nun langsam entfaltet, wo es allen Ballast einfach abgeworfen hat. Willkommen zurück, du wundervolle Seele der Liebe und des Lichtes!

- Dehne dieses Bewusst-SEIN in die Weiten deines grenzenlosen Herzens aus.

- Rufe dir die Eingangspforte nach Lemurien in deine Erinnerung zurück.
- Du erreichst jene Sphären auch über verschiedene Kristall-Tore. Erkennst du bereits einen Durchgang? Bitten wir nun den Deva der Amethyste herein und erlauben ihm, uns durch sein Reich zu führen, um so schließlich an die lemurische Pforte zu gelangen.
- Tauche ein in das Reich von Amethyst – ein Meer aus Violett in allen kristallinen Schattierungen umgibt dich... Du siehst große und kleinere strahlende Spitzen, kristallbesäte Hohlräume. Der ganze Boden ist funkelnd bedeckt. Du spürst die klärende, transformierende Qualität ihrer Ausstrahlung. Nimm es liebevoll auf, lasse es durch dich fließen.
- Magst du ein Bad nehmen zur Klärung und Transformation? Es ist für dich bereitet! Steige die kleine Kristalltreppe hinab in den klaren See, dessen Boden violett funkelt und sprüht! Das Sternenlicht bricht sich im Wasser und die blinkenden Kristalle am Grund des kleinen Sees spiegeln das Licht zurück. So ist dies ein grandioses Lichtwasser, durchtränkt mit der Kraft der Amethyste. Genieße dieses Heilbad!
- Spüre was sich ereignet, spüre, wie sich deine Energien aufladen und erfrischen!
- Der Deva weist dir den Weg aus der innerirdischen Kristallkammer zu einem Ausgang, durch den helles Sonnenlicht strahlt. Du ahnst es bereits, es ist die verzauberte Welt LEMURIA!

- Immer schneller tragen dich deine Füße plötzlich, du scheinst gerade zu schweben, denn du bist ganz leicht geworden!

- Du erschaust all diese Herrlichkeit und kannst dich kaum satt sehen! Feenhafte Transparenz offenbart sich im Lichte wunderschöner Kristalle. Alle sind nun weich geformt, haben kaum Spitzen und Kanten. Diese Landschaft streichelt deine Seele. Du bist dir bewusst, dass du all das liebst und kennst!

- Du beginnst langsam zu begreifen, dass Lemurien die ganze Zeit hier war... Nur du warst nicht HIER. Du warst mit deinem Leben befasst... mit Themen der Vergangenheit oder Zukunft... Doch dabei ist es so einfach, jene Pforten zu öffnen und einzutauchen in das sanft leuchtende Meer aus Schönheit, Liebe und Harmonie!

- Lemurien als ein Kontinent der Liebe ist niemals wirklich verloren gewesen. Jene Sphären wurden nur nicht mehr durch unsere Aufmerksamkeit genährt und so versank es hinter den Schleiern. Doch du bist jetzt wieder hier! Du hast es geschafft, auf den Kontinent der Liebe zurückzukehren!

- Es öffnet sich das große Hauptportal, um dir Einlass zu gewähren... Ein hohes Diamanttor – eine Kristallwand mit goldenen Einfassungen. Ein goldener Ring hängt an der Pforte. Das Tor ist so schwer, dass es sich nur langsam öffnen kann. Weißes Diamantlicht strahlt herein! Du hältst die Hände vor die Augen, da es viel zu grell, zu gleißend ist, um direkt ins Licht zu sehen.

- Es erscheinen mehrere Wesen im Lichtstrahl, deren Umrisse sich deutlich abzeichnen. Du verneigst dich vor ihnen und dankst dafür, dass sie gekommen sind. Es sind Priesterinnen die im Diamantstrahl der Klarheit und Reinheit dienen. Es scheint so, als könnten jene Diamantwesen deine Gedanken lesen... Sie tun es!

- Spürst du, was geschieht, ohne es gedanklich erfassen zu wollen? Du wirst in die Klarheit hineingezogen, bist urplötzlich EINS im weißen Diamantlicht. Du spürst, wie sich dein ganzes Sein mehr und mehr auflöst... gib dich hin. Du spürst das Licht als kühlende Matrix, die dich durchzieht Es fröstelt dich sogar ein wenig. Die lemurianischen Priester sind an deiner Seite. Sie geleiten dich durch verschiedene Lichttunnel in immer andere Ausstrahlungen von Weiß.

- So reist du eine ganze Weile durch das weiße Spektrum und bemerkst, wie sich alles verändert, wie sich alles löst und entspannt, weicher und fließender wird.

- Aus dem klaren, kristallinen weißen Licht werden nun immer sanftere und weiche Farbschattierungen, wie eine untergehende Sonne am Abendhimmel. Du wirst auf eine Lichtung geführt, wo dich ein Kreis von Lichtpriestern freudig empfängt.

- Du nimmst an diesem Ort eine große Geborgenheit und Liebe wahr. Um den Kreis der Wesen stehen übermenschlich große Kristall-Obelisken - auf goldenen, reich verzierten Sockeln mit zahlreichen Inschriften. Sie alle sind von Kristallpyramiden gekrönt, die das Licht der Sterne assimilie-

ren und ausstrahlen. Die Priesterinnen legen dir einen Umhang aus Licht über die Schultern. Du riechst plötzlich einzigartige Düfte, siehst ultraleuchtende Farben... Alles ist überirdisch schön!

- Es scheint so, als würdest du auf üppigsten Blumenmeeren wandeln. Bizarre Formen erscheinen im Licht, deren Farbspiel und Leuchten dich zutiefst beeindruckt. Du lauschst den Gesängen der Priester, die dich in ihren feenhaften Gewändern und in grazilen Bewegungen umschweben. In diesem Moment bist du entkörpert, doch dein Lichtkörper erstrahlt in allen zarten Nuancen des Lichtes.

- Du gehst vollkommen in das Licht ein und fühlst, wie du getragen bist in jener geheimnisvollen Matrix der Harmonie, der Liebe und Leichtigkeit.

- Milchig weiße Lichter erscheinen. Du schwebst in ein weites, sanftes Hügelland. Spüre die feinen Gräser unter deinen Fußsohlen, die du barfuß berührst.

- Du bist wieder im Körper! Atme den Duft der lieblichen Blüten. Sieh all die schönen pastellfarbenen Kristalle, die in ihrem so typischen, opaken Glanz ausstrahlen.

- Viele LEMURIER sind jetzt hier, um dich zu verabschieden. Du bist damals wie jetzt einer von ihnen! Gib dich deiner lemurianischen Seele hin!

- Zum Abschied überreichen sie dir ein Geschenk zur Erinnerung. Bewahre es gut!

- Sanft bringt man dich zurück auf die Erde, in das Haus, in dem du wohnst. Du bist zurück in deinem Körper

## · SEELENTOR ·

# WELTENHERZ

Stell dir vor, du wirfst einen Stein ins Wasser... Um diesen klitzekleinen Stein bilden sich konzentrische Kreise, die sich immer weiter ausdehnen, mehr von dem Raum erfassen, in dem sie entstanden sind. Ein aktiviertes Weltenherz bedeutet für die Menschheit in ebensolchen konzentrischen Kreisen zu wachsen! Es bedeutet, dass sich jede Seele einbringen kann, um im morphischen Feld ganz bewusst einen eigenen Liebesabdruck zu hinterlassen. Diese Liebeswelle verschmilzt schließlich mit Millionen anderer Liebeswellen und so ergeben sich neue, wertvollere und geordnetere Muster, Formen und Qualitäten für das große Ganze!

## Meditation:

- Zentriere dich über den senkrechten Atem. Begib dich in eine entspannte Sitzhaltung – nimm einen Yogasitz ein, liege oder sitze gerade.
- Öffne dein Herz, sinke in dein Inneres, in den Herzkristallpunkt hinein...
- Jener schimmernde Diamant ist quasi der Ausgangspunkt zu deinem unendlichen inneren Königreich! Je näher du heran zoomst, umso größer wird seine ätherische Struktur.

- Diesmal empfängt dich ein runder Tempel mit einer sehr femininen Ausstrahlung. Du trittst ein. pastellfarbene Lichter durchfluten dich, kalibrieren deine Chakras, die Aura. Du öffnest, öffnest, öffnest dich weiter und tiefer.
- Lote über deine Wahrnehmung allmählich die Umgebung des inne liegenden Universums aus. Spüre den Raum und benutze deine inneren Hände, um alles zu berühren. Schau doch, wieviele Tore du hier findest! Alle kannst du nach und nach öffnen.
- Doch zunächst nimmst du dein Christuslicht wahr, indem du es spielerisch beabsichtigst. Selbst wenn du es (noch) nicht deutlich sehen kannst, ist es hier – in jedem Menschen! Lüfte den Schleier zu deiner Christusflamme!
- Erlaube Christus durch dich zu sein... und so geschieht eine hochgradige Verschmelzung in Liebe und im goldenen Licht!
- Es geschieht ganz von selbst, weil du dein Feld öffnest, weil du HIER bist! Du brauchst es lediglich zulassen... Diese Energien sind intelligent, gewissermaßen wesenhaft.
- Dein gleichmäßiger, tiefer Atem aktiviert nun sanft die Verbindung zu Mutter Erde. Spüre den Heimatplaneten der Menschheit! Du bist ein Hüter und Meister, ein Pionier der neuen Zeit! Mutter Erde kennt dich gut, denn sie spürt die Frequenz jedes ihrer menschlichen Spezies.

- Dein Herzpuls wird sich nun auf das Erdenherz ausrichten... Lasse es geschehen und spüre, wie du den Planeten von seiner Mitte aus wahrnimmst. Dehne dich nun multidimensional aus durch das Innere des Planeten bis zu seiner äußeren Kruste!
- Durchziehe die Stratosphäre > die Ionosphäre > überwinde den Schleier zum interstellaren Raum...
- Jetzt bewegst du dich in der Weite des Sonnensystems und siehst den blauen Planeten wie ein leuchtendes, großes Raumschiff vor dir. Von hier kannst du alles genau betrachten: die Geologie, die Ozeane und Meere, die Gebirge, die Flüsse, Wälder und Täler...
- Du bist in der golden strahlenden Christusmatrix unterwegs – schwingst innerhalb jener großen Hierarchie geistiger Wesenheiten. Realisiere dies jetzt! Deine Blicke schweifen umher... Wortlos wissen sie alle, warum du hier bist. Du kannst immer auf ihre Unterstützung zählen.
- Blicke nun auf die Menschheitsfamilie, die diese schöne Erde bewohnt. Du siehst vielleicht auch Zerstörung, siehst Kriege, Armut, ... nimmst ihren Schmerz wahr...
- Es sind karmische Verabredungen und alte Verträge, die sie nun in relativ kurzer Frist zu erfüllen haben;. Daher sind sie in verschiedenen Rollen unterwegs. Im verschmolzenen Herzen sind sie jedoch alle EINS! So ist es nicht deine Aufgabe, über jene Vorgänge zu richten.

- Deine und unsere Aufgabe ist es, Grenzen zu überwinden, aktive Verschmelzung zu praktizieren und der bedingungslosen Liebe zu dienen! Damit dienen wir der Menschheitsfamilie am allermeisten! (Hätten wir eine andere Aufgabe, würden wir nicht hier zusammenkommen und wären gegebenenfalls in der Politik, als Olympiasportler oder in sonstigen Rollen und Konzepten unterwegs!

- Erkenne dich in diesem Moment als ein geistiges Wesen, das zwar einem menschlichen Leib besitzt... aber weit darüber hinaus agiert! Nur so kannst du deine Gaben für die Erde, für die gesamte Menschheitsfamilie einbringen!

- Fühle bedingungslose LIEBE zu jeder einzelnen Menschenseele. Spüre, wie 10 Milliarden Herzen zu einem großen, pulsierenden Menschheitsherz zusammenfließen. Alles ist friedlich in diesem Moment!

- EIN-WELTENHERZ wurde wein weiteres Mal erweckt... Das wirkt sich auf jede menschliche Seele gleichermaßen aus!

- Atme nun wieder etwas fester. Kehre nach einer Weile sanft zurück ins Hier und Jetzt, in deinen Körper.

# · STERNENTOR ·

# SHAMBHALA

Christus verkörpert wie kein anderer Meister die Ganzheit eines göttlichen und eines menschlichen Wesens. Als „IMAGO DEI" (lat.) – Gottebenbildlichkeit – bezeichnet es das alte Testament.

Wir dürfen allerdings entdecken, ob wir auf das Unendliche oder auf die Endlichkeit der materiellen Welt bezogen sind. Denn jene Unendlichkeit ist es, in welcher der Kosmische Christus – das aufgestiegene Meisterwesen des Jesus von Nazareth – fließt. Er steht für die Totalität des Universums, die zusammenfließende Vielheit in EINS. Er ist die essenzielle Präsenz, die als liebende Kraft ALLES durchströmt.

## Meditation:

- Zentriere dich und begib dich in eine entspannte Position – in den Yogasitz vielleicht, liege oder sitze einfach gerade.
- Atme weich fließend, senkrecht durch dich hindurch, zum Herzen der Erde und über deine Krone hinaus zur Himmelssonne. Öffne dein Herz weit... Deine Lichtantenne in den Kosmos bildet sich nun aus und dein Lichtnervensystem wird weiter aktiv geschaltet.
- Bewusst öffnest du nun alle dir bekannten Chakras, die 7 menschlichen Hauptchakras von der Wurzel bis zur

Krone, deine planetaren und deine solaren Chakras. Spüre den Flow durch diese Energiezentren und verschmelze sie in reiner, liebender Absicht zu einem Einheitschakra, in dem dein Herz den Mittelpunkt bildet.

- Das innere Christuslicht erfüllt dich durch und durch – so ist dein Herz ein loderndes Licht bis zur siebten inneren Herzkammer – dein „7. Himmel", wenn du so willst.

- Lasse disharmonische, blockierende Energien los, indem du ihnen einmal mehr deine wertfreie, liebende Beachtung schenkst. Sieh, wie sie sich im hellen Licht befreien. Dein Herzdiamant erstrahlt noch leuchtender.

- Aktiviere das Diamantgitter, welches dich dazu befähigt, jenes hochkarätige Schwingungsspektrum zu integrieren. Entscheide es und es geschieht!

- Du bist nun in einer Allianz mit dem göttlichen Sohn. Mag sein, dass du ihn zu seinen Lebzeiten als deinen Bruder Jeshua kanntest... Er ist längst nicht mehr das menschliche Wesen, weil er in einer anderen Ausdehnung fließt. Das ist die Lichthierarchie des KOSMISCHEN CHRISTUS. Du unterstehst jetzt seiner hohen Liebesmacht und damit fließen alle Wesen, alle Engel und Meister des Christusstrahls in dein Sein!

- Jenes Christuslicht stammt nicht von dieser Welt. Dennoch hat es aufgrund der Erdinkarnation von Jesus eine definierte Anbindung an die Erde.

- Christus Emanuel führt dich in das Reich der weißen Bruderschaft, nach Shambhala!

- Shambhala ist das immerwärende Lichtkönigreich weiser Meister und Priester, die einst ihre Wege auf der Erde beschritten. Es ist zum Beispiel im Himalaya-Gebirge am stärksten präsent (oder auch über anderen störungsfreien Zonen der Erde, die notwendige Voraussetzungen bieten, dass Menschen Zutritt in diese Ebene erhalten). Shambhala lässt sich nicht linear lokalisieren. Es ist ein kosmischer Lichttempel höchsten Ranges!

- Shambhala beherbergt das geistige Erbe der Menschheit, das sich innerhalb der Epiphyse – Zirbeldrüse & TOR DES GEISTES – öffnet.

- Das planetare Erbe finden wir im Unterbewussten Raum. Es öffnet sich im HARA oder Sexuschakrabereich, dem TOR DES LEBENS.

- Visioniere nun jene kristalline Struktur des Diamanten: eine aufwärts und eine abwärts gerichtete Pyramide. Vereint ergeben sie ein Licht-Oktaeder, das auch das Kristall-Gitter der Diamantmatrix kennzeichnet.

- Fügen sich nun WILLE > im Hara und WEISHEIT > in der Epiphyse mit LIEBE > im Herzen zusammen, so entwickelt sich ein menschlich-göttliches Wesen auf Erden.

- Nutze deinen freien Willen, indem du jetzt entscheidest, in die Sphären von Shambhala einzutauchen! Es kann gut sein, dass es nicht gleich

beim ersten mal gelingt. Du verbleibst zunächst in einer Zwischenzone, in welcher du dir weitere Schwingungsupdates zuteil werden. Du spürst den Unterschied, wenn du schließlich vollkommen in Shambhala eingehst!

- Nun geschieht ein seltenes Phänomen: Die lebendige Verschmelzung aller Ebenen und Sphären, jener Erfahrungs- und Bewusstseinswelten, die du kennst und die dich ausmachen. Alles, alles fließt hier zusammen zu einem gigantischen pulsiereden Lichtfeld.

- Der magnetische Pol hinter dir und der elektrischen Pol von vorn. Obere und untere Ebenen... rechte und linke Ausrichtungen, feminine und maskuline Aspekte. Alle Spaltungen lösen sich auf. Ineinanderfließende Welten und Dimensionen aus LICHT, KLANG und FORMEN, die sich hier in kosmischer Alchemie vereinen!

- Lasse es geschehen, lasse dich frei fließen und erlaube nun den Meistern von Shambhala, alle gekappten Verbindungen, alle durchtrennten und abgespaltenen Anteile durch ihre Priesterkraft rückzuverbinden – soweit das hier und jetzt geschehen darf und soweit du es integrieren kannst!

- Fühle dich nun inmitten des Kreises der Weisen als angekommen und angenommen! Du wärst nicht in diesem Raum gelangt, wenn du dich nicht Jahrzehnte – ja Inkarnationen lang darauf vorbereitet hättest! Genieße nun deine Befreiung, deine Durchlässigkeit und die Graduierung in solche Lichtebenen!

- Wenn du zurückkehrst, lass dir genügend Zeit, verbinde dich über den roten Strahl und mit der Mutter Erde. Bewege dich etwas länger!

## · STERNENTOR ·

# SOLARE LICHTDIMENSION

Schau einmal aus der Perspektive eines Astronauten auf diese Erde! So kannst du unschwer erkennen: Alles Leben – vom Kleinsten bis zum Größten – ist in genialer Komplexität miteinander verwoben. In unserem Sonnensystem existieren ebensolche Verbindungen, Beziehungen oder Symbiosen. Feine Lichtnervensysteme kleiden Ebenen und Dimensionen aus. Sie transportieren Informationen und Energien und bilden ein unsichtbares, ausgedehntes Lichtnetzwerk.

### Geistige Reise:
- Wähle einen Einstieg in eigener Regie.
- Bist du zutiefst in dir selbst verankert? Hörst du deinen Herzschlag? Tauche ein und beginne dich aus deinem Herzmittelpunkt auszudehnen. Vereine deine Chakras, auf die Weise, wie wir sie bereits beschrieben haben.
- Lade Geistwesen ein, die dich führen mögen! Sei weit und frei jetzt über diese Welt und ihre vielschichtigen Ebenen hinauszufließen.
- Bis über den Horizont dehnst du dich nun aus – über dein Land, über Europa und schließlich über die ganze Erde. Alles Irdische darf jetzt von dir abfallen, damit du frei und leicht bist, um noch weiter hinaus zufließen. Es reist sich am allerbesten ohne jedwedes Gepäck!

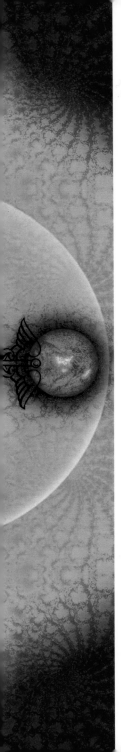

- Überwinde die Sphären der Erde, gelange in den Umkreis unseres Sonnensystems. Sieh jene Planeten, die um unsere Sonne kreisen! Ist es nicht ein einzigartiger Anblick? SONNE • MOND • ERDE • Merkur • Venus • Mars • Jupiter • Saturn • Uranus • Neptun

- ERDE: „Mutter Erde – ich liebe dich" magst du nun empfinden, denn kein anderer Planet steht uns Menschen näher, als dieses großartige Wesen. Spüre intensiver denn je die planetare Wesenheit Gaia, sowie die Beschaffenheit der Erde, die Natur, alles Leben hier.

- Vernetze dich bewusst mit den planetaren Codes, die dir selbst helfen, lebendiger zu sein. Öffne deine sieben Hauptchakras, sowie die sieben animalischen Chakras unterhalb der Wurzel.

- Entfache deine LIEBE stärker und erkenne, dass diese Energien impulsartig in ein Lichtgitter einfließen, sich hier weiter und weiter verzweigen und vernetzen. Du erkennst ein phantastisches Gebilde: Das planetare Lichtnervensystem. Über die Tore deines Herzens kannst du immer bewusster Informationen daraus absorbieren, die Felder der Erde betreffend oder die planetare Akasha lesen.

- Viele Jahrhunderte haben es die Elohim der Meere – die Delfine und Wale – aufrecht erhalten, um den Staffelstab jetzt an uns Menschen weiterzureichen. Übernimm nun deinen Hüter-Dienst für den Planeten – weniger durch Bekundungen oder weil du glaubst, die Erde zu retten.

- Die Wesenheit Gaia hilft uns genau so lange, bis

wir – endlich den Kinderschuhen entwachsen – in unsere Meisterschaft kommen, was soviel bedeutet, wie:

In Symbiose mit allem Leben EIN-Seelen-Sein im menschlichen Körper zu verankern und somit alle Abspaltungen und Trennungen vollends zu erlösen. Dies geschieht in mehreren Prozessen und Initiationen über den Zeitraum von vielen Jahren oder eines ganzen Lebens.

- SONNE: Nimm einen tiefen Atemzug und atme mit der Sonne, aktiviere deine spiralförmige Licht-Wirbel-Säule zur Sonne. Verbinde dich liebevoll mit den Sonnengöttern. Dadurch bilden sich neue Lichtsynergien in deinem Feld und qualifizieren es für die Aktivierung deines solaren Lichtnervensystems.

- Konzentriere dich auf dein Herzchakra, dass sich mit dem Gold der Sonne entfaltet. Öffne deine sieben Seelenchakras oberhalb der Krone und atme Lichtgold in dein System. Empfange über deine DNA-Antenne den spiralförmigen Strom. Sonnenengel und Sonnenwesen können dich jetzt endlich wieder erreichen und übermitteln ihre Liebe, Energie und Weisheit! Yeah! Kommuniziere mit jenen Wesen, die du aus vielen irdischen Inkarnationen kennst, eine Weile...

- MOND: Als Taktgeberin sendet die Mondin immerfort überlebenswichtige Impulse für die natürlichen Rhythmen in unsere Sphären und ist daher eine unverzichtbare Einheit für das Leben. Verbinde dich mit dem Silberlicht des Mondes... Spüre, was es in deinen Feldern auslöst, wie es

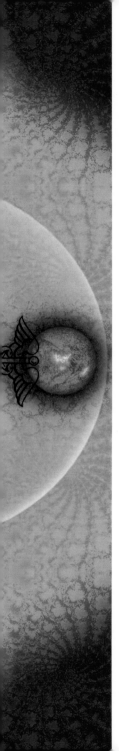

dich abkühlt und entspannt. Kühlendes Mondsilber durchströmt dich, bis du das Gefühl hast, mit allen Energien im EINKLANG zu sein.

- Dein planetares und solares Lichtnervensystem ist aktiv. Du schwingst nun stärker mit den solaren Energien, Qualitäten, Mächten und Kräften des Sonnenuniversums! Spüre die Freude, die in den höheren Räumen über deine geistige Wiedergeburt in das Sonnenreich herrscht!
- Rückverbinde dein Sein über die planetaren Tore mit dem Gitternetz der Erde – jetzt und hier! Nutze den silbernen Strahl, um alle Energien rasch zu manifestieren!
- Kehre zurück und spüre deinen Körper.
- Erde dich durch den roten Strahl, indem du dir vorstellst, dass du Eins bist mit dieser Lichtqualität. Erlaube jenen aktuellen kosmischen Lichtfrequenzen dich zu kalibrieren. Sieh jedes Lichtniveau als dein erlesenes Heilmittel in Hochpotenz, das dir jetzt für diese spezifische Aufgabe und Absicht dienen kann und wird.

## · STERNENTOR ·

# AVALON

AVALON – verborgenes Land hinter den Nebeln der Zeit, über das bis auf den heutigen Tag die große Göttin wacht – denn ZEIT war in der Anderswelt schon immer Schall und Rauch.

Wer lichtet die Nebel, öffnet die Tore in ein Land natürlicher Harmonie, dessen Zauber und mystische Kräfte uns immer noch fesseln? Große Seherinnen und Priesterinnen, Kräuterfrauen und Heilerinnen gingen aus dieser Ära hervor.

Von reinem Geiste, in körperlicher und seelischer Anmut lebten sie im Dienst der großen Erdenmutter. Ihr Sein floss magisch zwischen den Welten und so auch innerlich zwischen ihrer femininen Wahrnehmung und Zurücknahme, wie ihrem maskulinen Geist des Denkens und der klaren Entscheidung.

Als heidnische Priesterinnen und Druiden kommunizierten sie telepathisch mit der Natur und mit allem Leben. Sie atmeten den Geist der Göttin und verschmolzen, wie in keiner Ära danach, dieses Bewusstsein mit der Seele der Erde. Hier wirkte und herrschte die Göttin an ihrem erwählten Tempelort auf Erden. Avalon, die legendäre Insel der Apfelbäume, trug den Geist der Großen Mutter in sich. In jedem Gestein, in jedem Baum-Deva lebte dieser Geist und war omnipräsent für alle Lebewesen, die jemals auf die Insel kamen.

## Meditation:

- Versenke dich nun, öffne dein Herz und tauche aus reiner Absicht tief ein in die Sphären Avalons. WIR... geleiten dich über diese Schwelle.

- Vielleicht siehst du schon das Tor, siehst den Durchgang? Wie sieht es aus, welche markanten Strukturen zeigen sich? Schau, ob du es öffnen kannst. Dahinter findest du einen schmalen Pfad durch die Dunkelheit, der dich ein in eine weite avalonische Landschaft führt? Schau auf deine Füße und gehe Schritt für Schritt...

- Wer bist du in diesem Moment? Was trägst du auf deinem Leib, an dienen Füßen? Erkennst du diese Gestalt, das Wesen, das in Avalon inkarniert war? Befühle und betrachte dich genauer...

- Plötzlich stehst du hier am See. Es ist finsterste Nacht und dich fröstelt. Du bist froh, wenigstens einen langen Mantel zu tragen. Er hält nicht besonders warm, doch ist er dicht gewebt, sodass dir zumindest der kalte Wind nichts anhaben kann. Durch die Nebel hindurch versuchst du Umrisse des Geschehens auf dem See zu erhaschen. Es zeigt sich eine Gestalt auf einem Boot, das sich langsam nähert. Der Fährmann – ein alter, raubeiniger Kerl im schwarzen Umhang – der mehr schweigt als zu reden – zeigt dir mit einer Geste, dass du einsteigen sollst. Leise und gleichmäßig klatscht darauf das Wasser beim Eintauchen der Ruder an den Bootsrand jener kleinen Barke, auf der du nun Platz genommen hast...

- Diese Nacht scheint es wohl Frost zu geben, denn der Nebel hat sich noch tiefer über den See gelegt, gerade so als ob ihn die Kälte noch mehr verdichten würde. Kaum siehst du das andere Ufer, denn auch hier versinkt alles in der Finsternis, im undurchdringlichen Schwarz der Nacht. Einzig einige Fischlein schnappen hin und wieder nach Luft. Ansonsten ist alles ganz still.

- Du bis froh, dass der Bootsmann wenigstens die Gewässer kennt und dich um diese unchristliche Zeit noch übersetzt. Auf dem See spürst du den Nachtfrost, der deine Finger erstarren lässt und du ziehst den langen Mantel noch fester um dich, damit er die klirrende Kälte etwas abhalten mag.

- Du bist nicht allein. Hinter dem Fährmann auf dem Boot hat eine andere Gestalt Platz genommen. Dreh dich um und sieh, in welche Augen du blickst...? Warum ist sie hier? Frage nach.

- Der Fährmann bewegt sich ein wie das andere Mal, wenn er das Ruder in den See sticht. Lange kann die Überfahrt nicht mehr dauern... so hoffst du zumindest. Doch die Kälte erfriert jeden weiteren deiner Gedanken darüber.

- Endlich hast du wieder festen Boden unter den Füßen. Du siehst bereits die „Abordnung" der Priesterinnen, die hierher eilen, um dich zu empfangen, damit du dich nicht verirrst in düsterer Nacht.

- Ein warmherziger Empfang ist das, denn ihr hattet euch so lange nicht gesehen! Flinken Schrittes eilen sie dir nun voraus und ihre Füße scheinen jeden Stein, jeden Strauch dieser Insel zu kennen!

- An der kleinen Kapelle oben auf dem Hügel, wo auch der Steinkreis steht, empfängt dich die Her-

rin vom See. Ihr Blick ist kalt, wenig menschliches liegt darin. So kennst du sie, wenn sie innerlich konzentriert ihren Dienst der Göttin weiht.

- Auch dich hat sie gerufen, wie viele andere Priesterinnen, denn wie sie trägst du ein großes Wissen in dir. Heute – in dieser besonderen Vollmondnacht – gilt es ein lange währendes Ritual zu vollenden.

- Sieben schlanke, großen Frauen stehen in ihren anthrazitfarbenen, langen Gewändern im Kreis der Steine.

- In das Feuer inmitten des Kreises werden besondere Kräuter und Harze gegeben. Die ganze Gegend durftet bereits danach und es wäre nicht das erste Mal, dass dadurch auch andere Bewohner der Insel auf dieses Ritual aufmerksam werden. Doch wie gewohnt, halten sie sich zurück. Niemand würde ungebeten hier erscheinen, das ist Gesetz.

- Die Herrin vom See tritt hervor. Nach einigen Drehungen um die eigene Achse hebt sie wortlos ihre Hände zum Himmel und senkt sie nach einer Weile langsam hinab.

- Du kennst diese Geste und weißt um ihre Kraft. Es entsteht ein magischer Raum, der sich mehr und mehr ausdehnt. Ein durchdringendes Nichts, die Stille und die Kälte der Nacht sind mit euch. Das kleine Feuer beginnt nun bemerkenswert zu lodern. Bald wird euch allen warm davon.

- Ihr habt euch hier zusammengefunden, um ein Ritual zu beenden, das durch verschiedene Inkarnationen aufrecht erhalten wurde. Mit dem Ableben der Ältesten, wurden die Formeln und Absichten dieser heiligen Zeremonie in ihren letzten Stunden an ihre Nachfolgerin überreicht. Damit übertrugen sie alles Wissen in direkter Weitergabe an die erwählte Priesterin. Immer sieben aus dem Kreise jener Wissenden wurden zusammengerufen, um das hohe Energieniveau zu halten, das für die Durchführung erforderlich war.

- Jede in dieser Runde erlebte die Initiation auf ihre Weise. Du warst viele Male schon dabei und eines Tages würdest du selbst diejenige sein, der das geistige Erbe der Schwesternschaft übertragen würde, um es mit Fortführung der heiligen Handlungen zu bewahren. Heute ist dieser Tag!

- Deine Gefährtinnen sind nun vollkommen von der Göttin erfüllt. Die magischen Kräuter duften stark und versetzen euch in höhere Sphären.

- Ein kleines Fläschchen mit purpurrotem Elixier wird herum gereicht. Jede nippt nur wenige Tropfen davon... und schon beginnen sich die Frauen synchron zu bewegen. Ihre Körper kreisen leicht um die eigene Achse – sie sind ein verschmolzenes Wesen. Wie verzaubert löst du dich aus der Gruppe und trittst in den Mittelpunkt. Die Hohepriesterin legt dir ein heiliges Band um, das du von nun an immer tragen wirst. Sie reicht dir eine goldene Feder und ihre magische Kristallkugel, die deine übersinnlichen Fähigkeiten anregen wird. Sie übergibt dir diese Gegenstände und du empfängst damit jenes Wissen. Dir wird schwindelig... und plötzlich erinnerst du dich an jedes Detail!

- In liebevoller Absicht, mit Hilfe deiner Geistführer beendest du nun das über Inkarnationen währende Ritual und bringst es zu einem guten Ende!

Holografische Felder

· STERNENTOR ·

# HOLOGRAFISCHE FELDER

Die Idee eines holografischen Universums ist für den Verstand eine ziemlich exotische Vorstellung. Er beschäftigt sich außerordentlich gern mit allen möglichen Erklärungen und er mag nichts lieber, als Gesetzmäßigkeiten! All das findet er dabei keineswegs. Denn im holografischem Universum verändert sich alles immerwährend.

Die Quantenphysik zeigt uns Entwürfe, in welchen die Menschen, die Erde, das ganze Universum eine Art Projektion von Informationen sind. Unendlichkeiten, Paradoxien und Zufälle liegen hier eng beieinander, sodass die moderne Wissenschaft sogar von „spukhafter" Fernwirkung spricht, weil Quantensysteme über beliebige, räumliche Entfernungen hinweg eine Einheit bilden können! Jenes Universum, das wir dreidimensional wahrnehmen, wäre in dieser Realität nur zweidimensional gegeben. Alle höheren Dimensionen bauen sich holografisch darauf auf.

Befinden wir uns also in tiefster Illusion, wie wir sie uns kaum vorstellen können? Oder ist dies eher eine von zwei Alternativen, die Realität zu betrachten? Albert Einstein schenkte uns eine erste vage Idee jener Realitätsebene, als er deklarierte: „*Es ist absolut möglich, dass jenseits der Wahrnehmung unserer Sinne ungeahnte Welten verborgen sind.*"
Im spirituellen Sinn kennen wir die Anderswelten gut. Sie

erscheinen uns plastisch und greifbar, ohne jedoch physisch vorhanden zu sein.

Immer mehr Menschen fühlen sich nun gerufen, jene Durchgänge zu finden, die uns in mystische Reiche des Bewusstseins transportieren...

## Meditation:

- Öffne dich und kehre in dein Herz ein! Lasse dir Zeit, um die Herzpulsation zu spüren und nimm die Öffnung deines Herzchakras wahr.
- Um dein wahres SELBST zu erfahren, darfst du die vielen künstlichen Anteile, mit denen du dich ummantelt hast, loslassen. In dichte Schleier und Schichten hast du dich gehüllt, die dich von deinem göttlichen Sein trennen. Trenne die Spreu vom Weizen!
- Keine Angst – denn das, was dich wirklich ausmacht, geht niemals verloren! Du lässt in erster Linie nur das BILD los, das du von dir hast!
- Lasse jene Persönlichkeits-Masken – wie zum Beispiel die Rolle des Partners, des Elternteils, des Kindes, des Angestellten, des Opfers, des Täters usw... los! Du bist nicht deine Rolle! Erkenne liebevoll deine Bestrebungen und deine Lebensentwürfe, deine Wünsche und Vorstellungen und lasse sie los.
- Spüre, wie jetzt bereits manche Last von deinen Schultern fällt, wie du immer leichter freier wirst!
- Lasse nun dein Bewusstsein frei fließen. Über den

Raum hinaus, in dem sich dein Körper befindet, über deinen Ort, dein Land… über den Kontinent hinweg und über die ganze Welt…

- Tauche ein in das Sonnensystem und betrachte unseren einzigartigen blauen Planeten. Sieh nun die Planetenfamilie, die unmittelbar mit der Erde in Verbindung steht und spüre ihren Einfluss.
- Geh darüber hinaus. Sieh die Spiralgalaxie unserer Milchstraße mit mehreren hundert Milliarden Sternen, Sternhaufen und Nebeln… Unser Sonnensystem befindet sich in einem ihrer Spiralarme.
- Betrachte das Universum. Du bist der Beobachter jener Räume und Ebenen, was voraussetzt, dass du noch weitaus größer bist, als das, was du beobachtest – nicht wahr?
- ICHBIN ist die EWIGE und UNDENDLICHE PRÄSENZ! Als EIN-SEIN bist du in allen Räumen und Zeiten gleichzeitig. Genauer gesagt: DU BIST JETZT HIER!…
- Schwinge zurück in die Spiralgalaxie der Milchstraße, in die blaue Zone am Rand der Galaxie, in unser Sonnensystem.
- Die saphirblaue Erde zieht dich nun magisch in ihren Bann. So kehrst du ganz zurück in diese Welt, auf deinen Kontinent, in dein Land, in deine Stadt, in jenen Raum, in dem dein KÖRPER ist. Kehre liebevoll in die Physis zurück und zentriere dich innerhalb des Körpers!

Strecke und bewege dich. Sei vollständig hier!

## · STERNENTOR ·

# ISIS

ISIS die Sternengöttin hat ihren Einflussbereich innerhalb der galaktischen Ebene und wird dem Sternbild Sirius zugeordnet. Als eine der mächtigsten Gottheiten im alten Ägypten, war sie die Gattin des OSIRIS und damit immer auch die göttliche Mutter des Pharaos.

Isis kannte magische Formeln, hatte ein weitreichendes Wissen und war eine vielgerühmte Meisterin in ihrer königlichen Ära auf Erden. Sie wird bis auf den heutigen Tag als Identifikationsfigur und Göttin von vielen Völkern hoch verehrt.

Doch für uns heute ist sie weitaus mehr! In Verbindung mit dem Licht der Sternenmutter tauchen wir ein in eine völlig neue Ära unseres Evolutionsprozesses. Wir werden hyperdimensional kalibriert und stehen damit im Vollwaschgang der Klärung unserer Lichtkörper. Das bedeutet: Kosmischer Rückenwind für alle Aufgabenbereiche, die wir noch abzuschließen, zu durchlaufen haben"!

## Initiationsreise:

- Öffne dein Herz, geliebtes Wesen, damit du im Fluss von Liebeslicht gebadet bist.

- Atme innerhalb deiner kosmischen Achse auf und ab, jene Lichtsäule und DNA, in welcher sich die Ströme der Erde, der Sonne und der Zentralsonne vereinen.

- Dehne dich alsdann multidimensional vom Mittelpunkt

der Erde aus, in die Reiche der SONNE und von da aus zur Milchstraße.

- Rotes Erden-Licht öffnet deine Wurzel, silbernes Licht – aus dem Kristallherzen Gaias – dein Sexus-Chakra...
- Nimm den Goldstrom der Sonne in deinem Herzen wahr und es öffnet sich!
- Richte dich auf die Zentralsonne Alcyone aus und integriere ihr Diamantlicht in deine Zirbeldrüse (geistiges Zentrum) – es öffnet sich...
- Öffne deine SIEBEN animalischen Chakras unterhalb der Wurzel. Öffne deine SIEBEN menschlichen & Hauptchakras, sowie deine SIEBEN solaren & Seelen-Chakras. Gehe noch eine Stufe weiter und öffne deine SIEBEN galaktischen & Überseelen-Chakras – also 28 an der Zahl. Indem du es entscheidest, geschieht es auf eine Art und Weise, wie es für dein System zuträglich ist.
- Lasse einmal mehr deine menschlichen Aspekte – alles, was du glaubst zu sein – vollkommen los. Entledige dich deiner Festgefahrenheit – Hier und Jetzt!
- Sei im Vertrauen geliebte SEELE, synchronisiere dich im Lightflow der multidimensionalen Expansion! Gib dich der Ausdehnung hin – über welche jenes Wesen wacht, das du göttlich nennst!
- Du tauchst ein ins Sonnenreich... erfährst Geborgensein und Liebe im goldenen Licht. Tanze mit den Wesen der Sonnendynastien auf dem goldenen Strahl! Höher und höher schwingst du dich auf, drehst dich und fließt so frei wie nur Licht sich bewegen kann.

- Alles rauscht an dir vorbei – wird kleiner und kleiner in Lichtgeschwindigkeit! Die Gesetzmäßigkeiten der Erde sind hier nicht von Belang, denn vielfach sind es dort Konzepte menschlicher Verstände, die Regeln aufstellen und Erscheinungen nachzuweisen suchen.

- Nun ändern sich die Lichtqualitäten in rascher Folge – wieder und wieder. Es zeigt sich eine weite Sphäre aus reinem Lichtweiß... Nichts als WEISS siehst du hier. Spüre, was es mit dir macht, wie es durch dich wirkt, dich verändert! Erlaube es.

- Du gehst nun in die Lichtdimension der Alcyone ein. Diamantenes Licht durchstrahlt dich. Alle Facetten deines Wesens werden beeinflusst durch diese Lichtart. Einmal mehr ist dir zutiefst bewusst, dass du es SELBST bist, der all diese Bilder sieht, sich an alle Dimensionen seiner äonenlangen Reise durch Zeit und Raum zurück erinnert!

- Erblicke nun unser Sonnensystem am Rande der Galaxie – in einem ihrer Spiralarme. Im Reich der Alcyone (Zentralsonne) öffnet sich ein gigantisches Lichtuniversum. Du – als ein göttliches Sein – kennst jene Energien und Wesen, die hier auf dich warten!

- Da erscheint ISIS – die Sternengöttin... eine diamantene Lichtemanation! Ein hauchzarter Schleier – wie die Milchstraße – durchsetzt von unzähligen funkelnden Sternen, umweht dieses erhabene Wesen.

- Ich bin bereit! – magst du ihr zuraunen... Längst transzendiert sie durch dich... Ein kosmisches Augenzwinkern reicht ihr aus, um Welten zu stürzen oder entstehen zu lassen...

- Du spürst ihren Einfluss auf deine Felder, auf dein Sein... Ihr LICHTUNIVERSUM lässt sich mit Worten kaum beschreiben.
- Immer mehr gehst du ein in das diamantweiße Licht, bis du als ein Funkeln unter Myriaden im Tanz der Lichtpartikel verschmilzt.
- Isis intensiviert ihr Strahlen und so bist du in einem Sternenmeer geborgen, wie es schöner kaum erfahrbar ist! Du erhältst Initiationen des Lichtes in diesen Sphären. Die galaktische AKASHA hat sich dir nun geöffnet... Profitiere von der Fülle aller Potenziale, die dir jetzt und hier dadurch zur Verfügung stehen!
- Im Flow des galaktischen Lichtes realisierst du raumzeitlos, dass DU ALL DAS BIST!!!
- Tanze so eine ganze Weile mit den Wellen und Impressionen der diamantweißen Lichtmatrix! Lasse dies noch lange nachwirken...
- Falls du bereit bist, kehre zurück: ...durch die Galaxie, in unser Sonnensystem – zur Erde – auf deinen Kontinent – in dein Land – in deine Stadt – in dein Haus – in deinen menschlichen Leib.
- Nutze den roten Strahl, der dich mit Mutter Erde verbindet. Erfülle jede einzelne Zelle mit dem roten Licht und spüre deine Körperlichkeit.
- Danke jenem liebevollen Wesen, das dir dient – deinem Körper – dass er immer wieder in der Lage ist, solche grandiosen Energien zu beherbergen!
- Sieh an dir selbst das Wunder des verkörperten Lebens!

· GEISTIGE REISE ·

# MULTIDIMENSIONALES SEIN

Unsere Systeme werden nicht zuletzt durch die Plasmawogen der Sonnenerruptionen, die verstärkter denn je zur Erde strömen, hoch geschwungen. Diese beeinflussen das Magnetfeld des Planeten, wie unsere Körper und Energiefelder. Empfindliche Schwankungen unserer Lebens-Sphären sind seit vielen Jahren zu beobachten, die sich auf allen Ebenen und in allen Bereichen niederschlagen.

Gleichzeitig erhalten wir mit jedem galaktisch-solaren Lichteinfall einen gigantischen Input an Wissen, das quasi als subinformelle Bewusstseinspartikel herein schwingt. Unter anderem sind das sehr häufig kreative, neue Ideen, manchmal sogar komplexe Baupläne für neuartige Technologien oder andererseits glasklare Informationen und Variationen für Wege der Vernetzung verschiedener Ebenen oder von vorhandenem Wissen.

Solche kristalline Bausteine sind für die weitere Erforschung unseres Seins, für unsere Lebensneuordnung und die nächsten Transformationsschritte essenziell. Außerdem werden wir durch die kosmischen Partikelströme in die Lage versetzt, weitere Quantensprünge zu vollziehen! Sind wir in Resonanz zu den höher qualifizierten Lichtebenen, kann unser System unverzüglich mit der Restauration der Lichtarchitektur – Aura und Lichtkörper – beginnen.

Chakras, Nadis und Meridiane werden geflutet und in eine höhere Teilchenumdrehung gebracht. Dadurch öffnen sich alle Energiezentren immer tiefer und bringen in erster Linie all das zum Vorschein, was den Prozess behindern oder blockieren könnte.

Dadurch ist unser Leben öfter ziemlich ungemütlich. Schauen wir nur einmal auf die vielschichtigen Symptome und Einschränkungen, die sich häufig gern körperlich zeigen! Öfter kracht es im Gebälk – in der Wirbelsäule zum Beispiel, weil im knochigen Teil des Körpers, besonders viele ganz alte Themen gespeichert sind! Die Nahrung wird zunehmend unverträglicher, der Schlaf unregelmäßiger und der Blutdruck steigt auch noch in bedenkliche Höhen! In vielen Fällen erscheinen unverhofft scheinbar unheilbare Erkrankungen...

Selbst auf emotionaler Ebene durchziehen uns andauernd aufsteigende Gefühlsfragmente des menschlichen Kollektivs, die sich dann im Lebensumfeld als Probleme, Zerwürfnisse oder Zusammenbrüche zeigen können. Und mental – verfallen wir andauernd in überholte Denkmuster oder kleben an alten Glaubenssätzen fest!

Nun – wir würden dies in „normalen Energien" jahrelang überhaupt nicht bemerken beziehungsweise würden uns mit allem liebend gern abfinden! Aber: Wir können nicht! Es geht nicht, weil der Leidensdruck meist innerhalb ganz kurzer Zeit derartig ansteigt, dass wir uns solcher ungeliebten Dinge oft über Nacht entledigen: Jobs, Beziehungen, Partnerschaften, sozialer Kontakte und so weiter.

All das müsste gar nicht so schlimm sein wie es SCHEINT, wenn wir es wertfrei betrachten und ziehen lassen würden! Doch die Menschen dramatisieren alles, holen sich Ratschläge, tauchen voll ein in diese Endzeit-Szenarien und... haften daran.

Bedingungslose Annahme und liebende Wahrnehmung all dieser Situationen ist das magische Handwerkszeug der Zeitepoche! Dazu brauchen wir nichts, als uns selbst! Über das Herz und den Atem fließen schließlich intelligente Energien der Liebe ein und vernetzen uns blitzartig mit allen Ebenen und Dimensionen, allen Sphären, Epochen und Räumen!
DAS sind die kosmischen Heilmittel unserer Zeit!

Nun – zunächst haben wir vor allem klare Entscheidungen zu treffen, die beginnen mit:
    Ja, ich will...
    Ja ich kann...
    Ja, ich erlaube...
    Ja, ich lasse los.

Dann vollzieht sich oftmals ganz von allein ein Meisterstück an Wandlung und Transformation... kaum, dass wir im Außen agieren.

Das gesamte physische Universum ist eine holografische Projektion, wie es neueste Forschungen der Quantenphysik und der Astrophysik beweisen. Viele Zeitalter lang haben wir Materie durch

unsere Überzeugungen und unseren Glauben (an die materielle Welt) eingefroren. Im Bewusstsein solcher Tatsachen dürfte es uns daher sehr leicht fallen, sowohl einen individuellen, einen nationalen und schließlich einen globalen Wandel zu vollziehen! Halleluja! Die Krux bestand und besteht darin, dass wir genau das wieder und wieder vergessen!

## Meditation

## Rückkehr der Potenziale

- SEI im HERZEN. Öffne alle Hauptchakras von der Wurzel bis zur Krone. Öffne deine Sphären und damit auch alle Energieschlösser, die dir jetzt bewusst sind…
- Dehne dich aus! Schwinge mit dem violetten Strahl, der dir dabei hilft, Schleier zu durchbrechen, Tore zu öffnen.
- „Ich öffne mein Bewusstsein und gebe mich ganz und gar dem freien Fließen hin…" Sinke tiefer und tiefer, bis zum inneren Mittelpunkt des Planeten. „Ich spüre nun den Leib der Mutter, nehme ihr Sein bis zur Grenze des Planeten wahr. Ich empfange all das, was ich Inkarnationen lang in den planetaren Sphären der Erde zurückließ und atme es liebevoll ein und wieder aus."
- „Weiter und weiter… dehne ich mich aus, schwinge in das Sonnensystem. Ich bin in Resonanz mit dem goldenen Sonnenreich. In diesem Licht empfange ich alles, was ich bei meinem Abstieg zur Erde zurückließ: Sonnenbewusstsein, seelisch-geistige

Fähigkeiten, das Wissen der Akasha. Ich atme es ein... und wieder aus."

- „Über das Sonnensystem hinaus gelange ich in den galaktischen Einflussbereich. Im diamantweißen Licht der Zentralsonne bin ich reiner Geist. So aktivieren sich alle Lichtvernetzungen und Sternenpotenziale von allein!"

- ICHBIN getragen, geführt und genährt aus allen Strömen, all dieser Ebenen und Dimensionen. Mein multidimensionales Sein aktiviert sich nun täglich, stündlich, ... in jeder Minute.

- Was war, kann verbleichen, NUR WAS IST, zählt! Was kommt, habe ich NUR JETZT in der Hand! Denn JETZT treffe ich all die Entscheidungen, die sich schon morgen manifestieren.

    \* \* \* ICH BIN JETZT MENSCH \* \* \*

- Wenn du bereit bist, kehre langsam wieder zurück in dein Herz. Spüre das Pulsieren eine Weile und tauche vollkommen in deinen Körper, in dein Wachbewusstsein ein. SEI JETZT HIER!

## · PLANETARES TOR ·

# GAIA – ERDENMUTTER

Die Erde als ein lebendiges und vielschichtiges Wesen ist nicht nur eine liebende und nährende Mutter, sondern sie ist durch die Rhythmen des Jahreskreises, der Natur, des Wetters, der Gezeiten der Ozeane vielmehr eine machtvolle Impulsgeberin für alles Leben.

Jahrtausende war die Erde durch eine dichte, fast undurchdringliche Grauzone umgeben. Die Teilchenrotation der Erde war durch verfestigende Prozesse verlangsamt. Wir kennen dieses Zeitalter als dunkles, eisernes Zeitalter oder als das Kali Yuga.

Die Planetenfamilie, die Sonne und alle Energien darüber hinaus konnten dadurch nur zu einem geringen Prozentsatz durch den grauen Mantel gelangen. Für uns Menschen bedeutete dies über Jahrtausende vom gesamten Input des Kosmos abgeschnitten zu sein!

Nach der hinduistischen Lehre gibt es in der langen Periode – Maha Yuga – vier Weltalter mit einem Gesamtzyklus von 24.000 Jahren. Das entspricht in etwa auch dem Zyklus eines „Platonischen Jahres", der Präzession, etwa 25.800 Jahre. Diese lange Erdzeitperiode führte einst vom goldenen Satya Yuga, über das silberne Tret Yuga zum bronzenen Dvāpara Yuga mit dem Tiefpunkt im eisernen Kali Yuga. [4]

So beginnt nun der Zeitalter-Kreislauf wieder von vorn. Ein Hinweis darauf, dass es tatsächlich weder einen An-

fang noch ein Ende gibt? Durch den Einfluss vieler kosmischer Prozesse und unterschiedlicher Sternen-Konstellationen, durch Mondfinsternisse, Sonnenstürme oder Sonnenerruptionen wurden und werden immer neue Energiemassen auf die Erde katapultiert, die alle Prozesse des Planeten sowie die menschlichen Evolution ultrabeschleunigen!

Mit Hilfe solcher Energien und durch die spirituelle Anbindung weniger bewusster Menschen, die als hochfequente Kanäle dienten (wir Pioniere), konnte sich die Erde allmählich aus dem Schattengürtel befreien. Das Gleiche geschieht jetzt auch innerhalb der Menschheit. Feinstoffliche Vernetzungsstrukturen – wie verschiedene Lichtgitter, das kosmische Lichtnervensystem und andere – die uns mit allen Planeten des Sonnensystems, mit der Sonne und der galaktischen Ebene verbinden, werden nun stufenweise reaktiviert und sind damit voll funktionsfähig.

So sendet die Erde seit 2005 etwa aus ihrem kristallinen Zentrum, das über die Sonne direkt mit der Zentralsonne korrespondiert, verstärkt hochaktive Lebens- und Entwicklungsimpulse an die Oberflächen-Menschheit. Dies mit nachhaltiger Wirkung auf alles Leben hier.

## Meditation:

- Öffne dein Herz, all deine Ebenen und Körper. Lasse den Atem deine Energieschlösser öffnen. So dehnt sich dein Herzchakra weiter und weiter aus.

- Achte eine Weile auf den Puls deines Herzens und lasse dich von ihm durch die Tore in die Tiefen deines Seins tragen. Spüre die Verbindung zu Mutter Erde, die dir alles schenkt, was du für ein Leben im Leib aus Fleisch und Blut benötigst.
- Lasse deine spiralförmigen Lichtwurzeln in den Planetenleib fließen und dehne deine Pfahlwurzel in dessen Mittelpunkt aus.
- Atme tief hinab, bis in das Kristallherz. Fühle den Puls Gaias und synchronisiere dich auf ihren Rhythmus.
- Nach einer Weile... atmest du wieder senkrecht, entlang deiner Wirbelsäule und deines Lichtkanals, der dich mit allen Ebenen und Sphären verbindet...
- Öffne dein geistiges Zentrum inmitten des Kopfes, die Zirbeldrüse.
- Atme über dein Kronenchakra hinauf zur Sonne aktiviere den kosmischen Lichtstrom.
- Begrüße jene Entitäten, die im goldenen Strahl beheimatet sind. Gestatte ihnen, dich zu unterstützen
- Öffne dich dem silbernen Licht des Mondes und schwinge mit diesen Energien. Assimiliere die Strömungen, bis du das Gefühl hast, erfüllt zu sein.
- Öffne deine Chakras zur Seelenebene, bis du zutiefst spürst, DU BIST EINE SEELE, die einen Körper besitzt!
- Der Atem führt dich zurück in dein Herz und lässt

dich noch tiefer mit allem verschmelzen, was ist!

- Öffne nun dein unterbewusstes Zentrum im Unterleib, das mit der Erde verbunden ist. Erlaube dir, die Liebe der Erdenmutter zu fühlen, die sie für jedes Lebewesen gleichermaßen verströmt!

- Öffne alle Energieschlösser für die du jetzt und hier bereit bist – zunächst deine 7 menschlichen Hauptchakras und in Verbindung mit Gaia weitere planetare Chakras: das sind zum Beispiel die TORE in die Tier- und Pflanzenwelt, sowie in das Reich der Mineralien.

- Tauche tiefer und tiefer ein in den Leib der Erdenmutter und nimm wahr, was sich hier zeigt!

- Vielleicht erkennst du ein freudiges Gewimmel innerhalb der planetaren Sphären? Siehst Kobolde, Elfen, Naturgeister, Zwerge, Riesen oder ganz andere Wesen. Lass dir hierfür eine ganze Weile Zeit. Atme dich tiefer und tiefer hinein in die Anderswelt. Dein Atemstrom und deine Wahrnehmung befördern dich sanft und machtvoll in jene Reiche, welche einzigartige Geschenke für dich bereithalten!

- Als Mensch bist du immer ein Kind der Erde. Wenn deine Liebe zu Gaia nun dieses Tor öffnet, wirst du intensiver über eine Art feinstoffliche Nabelschnur versorgt. Empfange diese Ur-Impulse und UR-Ströme der Mutter für deine Nährung und Heilung.

- Gleichermaßen erhältst du kraftvolle Energien, die dir weitere Ausdehnungen und Einblicke in frühere Inkarnationen ermöglichen. Widme dich ab jetzt mehr denn je solchen Transformationen und Erlösungen.

- Die Kraftströme Gaias fließen warm und wohlig durch deinen Leib. Sie erfüllen und stärken dich. Öffne deine Zellen, die Mitochondrien (Energiekraftwerke), bis sie alle vollkommen erfüllt sind mit natürlichen, harmonischen Energien!

- Indem du die Aufmerksamkeit auf die Zellkerne legst, öffnet sich deine DNA. Spiralförmig zirkuliert alsdann der irdische mit dem kosmischen Strom. Beobachte ihn eine Weile... genau so lange, wie es dir heilsam erscheint.

- Kehre darauf sanft in dein Wachbewusstsein zurück.

- Die Farbe für unsere Erd-Anbindung und physische Verwurzelung auf dem Planeten ist ROT. Nutze diese Heil- und Lichtqualität für die vollständige Rückkehr in deinen Leib, ins HIER und JETZT!

- Dehne und strecke dich eine Weile, schüttle dich oder springe, laufe..., um dich voll im Körper zu integrieren.

## · PORTAL ZUR ·
# STERNENHEIMAT

Als ein Wesen der Liebe und des Lichtes bist du in die irdische Dimension gekommen, um dich in allen Facetten zu erfahren. Weil du alle Details in ihrer Tiefe ausloten wolltest, musstest du dich SELBST total vergessen. So hast du deine Wege durch viele Menschheits-Inkarnationen beschritten. Doch die Erde war nur eine deiner unzählbaren Stationen. Du darfst dich nun – am Ende der Zeit – zurückerinnern an dein wahres Wesen:

WIR alle sind STERNENGEBORENE!

Genau, wie du dich über deine Körpergrenze ausdehnst, gibt es auch ins Innere 7 Herzpforten, die wir durchschreiten, 7 Schleier, die wir aufziehen dürfen, ehe wir tatsächlich die Quantensprünge jeder einzelnen Schwingungsstufe erfahren. Mit jedem Schleier wird uns dann mehr und mehr Einsicht in die Akasha-Chronik, als eine planetare und kosmische Wissensbibliothek gewährt.

1. Physisches Herz – es pulsiert im menschlichen Leib...
2. Molekulare Herzebene – dein bewusster Atem öffnet dieses Tor.
3. Genetische Herzebene – die Verbindung zur Ahnenlinie, aktiviere sie... Spüre die Präsenz deiner Vorfahren, sie sind mit dir verbunden (ob du es willst und akzeptierst oder nicht). Schwinge mit deiner Ahnenlinie.

4. Atomare Herzebene – Visionsebene, schöpferisch-kreative Ebene
5. Subatomare Herzebene – 5. Herzkammer & ChristusLICHT
6. Informelle Herzebene – ChristusLIEBE & Seelenbewusstsein
7. Subinformelle Herzebene – ChristusGEIST & Diamantmatrix, Überseelenbewusstsein

Meistere diese Tiefen-Ausdehnung step by step und erfahre jene Graduierungen der verschiedenen Herzkammern. Erst jetzt bist du bereit für deine Sternen-Reise. Also – auf gehts!

## Meditation:

- Mach es dir bequem – liege oder sitze... Atme in der Stille deines Herzens. Entspanne dich total und öffne dich allen Strömen, die du wahrnimmst!

- In der Diamantmatrix des Christusgeistes erschaffst du die Lichtverbindung zur Erde, zur Sonne und zur galaktischen Zentralsonne durch deinen Atemstrom und deine liebende Absicht. Spüre eine Weile wie sich der silberne Strahl der Erde, das Gold der Sonne und das Diamantweiß der Zentralsonne spiralförmig ver(z)wirbeln. Dadurch kann sich deine DNA immer weiter entschlüsseln und weitere, bisher ungenutzte Stränge freilegen.

- Spüre unter wessen Führung du dich zum Zeitpunkt befindest. Erscheinen dir Meister, Engel oder andere Lichtwesen...? Kalibriere dich auf jenes geistige Team, das dich auf deiner Reise führt und unterstützt.

- Blicke nun auf das Geschehen inmitten deines Herz-Diamanten. Was ist hier im Gange? Sieh wie sich inmitten des Herztempels ein Stargate öffnet! Flutsche hindurch und beame dich durch willentliche Absicht ins Sonnensystem... Dann – wenig später – gelangst du an ein zweites Stargate, das du wieder eine Weile betrachtest, bis es sich öffet. Es dient als Pforte zur Sternenebene der Galaxie.
- Wenn du hinter der Pforte stehst... bist du unter Deinesgleichen! Deine Sternengeschwister erwarten dich bereits sehnsüchtig HIER!
- Lasse jetzt alle Ströme frei fließen im Tanz der Farben, Energien und Qualitäten, die sich spiralförmig von deinen Sternengeschwistern zu dir ergießen und dich multidimensional ausdehnen.
- Du kommunizierst telepathisch mit ihnen und sie eröffnen das liebevollste, kosmische Sternenfeuerwerk, das du seit Ewigkeiten erlebt hast! Solche Farben im grellen Licht, bizarre Formen und Geometrien, Lichtzeichen und Bilder folgen. Es erklingen lang anhaltende durchdringende Töne... ganze Sinfonien nur allein für dich! Genieße es still, denn es geschieht genau JETZT!
- In der kosmischen Unendlichkeit überlässt du dich vertrauensvoll deinen Sternengeschwistern, wo immer sie mit dir hinreisen würden...
- Tunnelartige Durchgänge erscheinen, durch die du mehrfach um die eigene Achse drehend wirbelst. Es kommt erst zum Stillstand, als du die neue Ebene etwas strukturierter wahrnehmen kannst.

- Schau auf deine Füße, fühle deine Gestalt, deine Bekleidung... all das, was du mit dir trägst. WER oder WAS bist du auf deinem Heimatstern? Welche Sequenzen der Vorgänge dort kannst du wahrnehmen? Triffst du noch andere Sternenwesen, die dir etwas mitgeben wollen?
- Die Sternengeschwister scannen dich bis ins kleinste Quantum. Sie lesen dich wie eine Bibel der Erfahrungen und Erlebnisse irdischer Inkarnationen! Denn das, was du ihnen aufgrund deines HIERSEINS schenken kannst, ist schließlich einzigartig. So darfst du dir aus der Vielfalt der Potenziale deiner Sternenheimat erwählen, was immer du wünschst! Es wird dir übermittelt.
- Schwinge noch eine Weile in seelisch-geistiger Verschmelzung mit den Sternengeschwistern und folge ihnen in ihre Reiche. Nimm in höchster Präsenz und Wahrnehmung jenen Raum ein, der sich damit für dich öffnet.
- Reise schließlich auf dem Roten Strahl zurück zur Sonne und von hier zur Erde. Setze deine Füße auf den Boden und SEI JETZT wieder vollkommen HIER!

Bewege und strecke dich, trinke ein wenig.

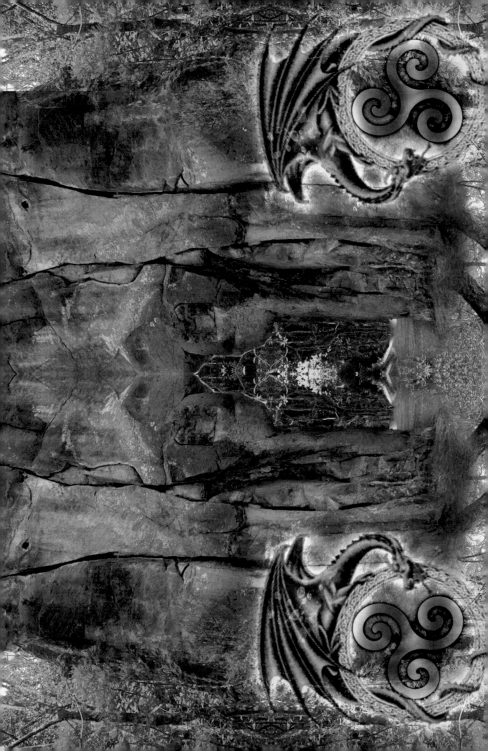

## · PLANETARES TOR ·

# INNERERDE

Die meisten Menschen glauben, wir sind die einzigen bewussten Lebewesen auf diesem Planeten. Im Inneren der „hohlen Erde" existieren jedoch erleuchtete Wesen einer höheren Dimensionsebene. Das Volk von Asgard oder Agarther, wie sie von den Channelmedien vielfach bezeichnet werden. Diese sind kaum greifbar, weil sie viel höher schwingen als unsere Spezies auf der Oberfläche. So, wie es äußere planetare Landschaften, Gebirge, Meere, Kontinente, Tier- und Pflanzenwelten gibt, ist es auch im Inneren der Erde. Eine Silber-Sonne, die niemals untergeht sorgt drinnen für genügend Licht und Energie! Allein das innere Ausmaß des Planeten ist so gigantisch, schauen wir es im Vergleich zur dünnen Kruste an.

Meditation:

- Tauche nun wieder mit dem Puls deines Herzens tiefer und tiefer ein in das innere Universum.
- Lade sehr liebevoll die Wesen der Innererde in jenen Tempel ein. Warte eine Weile, bis sich dieser Raum hell, warm und lichtvoll anfühlt... Bitte sie nun um Führung und lasse dir die Tore zeigen, durch die du ins Innere des Planeten gelangst.
- Siehst du das Tor? Gleite gemeinsam mit deinen Geistführern vertrauensvoll hindurch. Über verschiedene Erd- und Gesteinsschichten gelangst du immer tiefer in

den Leib der Erde. Du schwebst durch viele Zwischenräume und lange Höhlengänge, durch große oder kleinere Hohlräume, in denen es nur so von Leben wimmelt! Hier gibt es brodelnde Geysire und glühende Vulkane, erkaltete, dunkle Gesteinsmassen und lichtdurchwirkte Kristallwelten!

- Begib dich auf deine Abenteuerreise durch Innererde!

- Nach einer Weile gelangst du in eine Kristallkammer mit einem unterirdischen See. Kleine Kristallwesen huschen hier vorüber und luken neugierig hinter bizarren Kristallspitzen hervor – wertschätze deine vielen Begleiter! Jene märchenhafte Kristallwelt blitzt in vielen lichtvollen Farben. Du staunst über so viel Schönheit und Klarheit in den unterirdischen Höhlen. Hier ist es lichtvoll und still. Abermillionen Kristalle schimmern und verstrahlen ihre Farben und ihre Reinheit jetzt durch dich... Der See lädt dich zum Bade ein. Genieße ein klärendes, transformierendes Kristallbad. So bekommst du bald das Gefühl, eine andere Version der Erde zu erleben!

- Die Reise geht weiter. Nimm jede Umgebung wahr und lasse die Bilder unbekannter Erdenreiche auferstehen. Sie entfalten sich mehr und mehr in ihrer ganzen Schönheit. (Solltest du gar nichts sehen, fühle mit inneren Händen die Strukturen und Gegebenheiten ringsum).

- Die hohle Erde unterliegt anderen Gesetzmäßigkeiten als die äußere Welt. Jene reinen, elementaren Energien wirken sich nun nachhaltig auf dich aus. Du erhältst so unterschiedlichste kristalline Updates, die deine Lichtarchitektur rekonstruieren und neue Facetten deiner SELBST freilegen.

- Längst haben sich deine Guides – jene Wesen der Innererde – zu dir gesellt!
- Schenke ihnen ein liebevolles Lächeln und danke ihnen für diese einzigartige Reise! Bist du bereit, weiter zu gehen? So setzen sie sich automatisch mit dir in Bewegung, denn sie brauchen keine Worte oder Gesten. Auch sie kommunizieren telepathisch.
- Der Weg führt dich durch Canyons, Tunnel, Schluchten oder über sanftes Hügelland und schließlich über schroffe Bergrücken. Es ist wunderschön hier und du genießt jene eigenwillige Natur, jene andersartigen Landschaften und Räume, die sich zeigen, wie du sie kaum von der Oberfläche kennst.
- Fließe mit den Bildern und lausche den Botschaften. Du begegnest hier oft alten Bekannten – deinen Meistern und Lehrern früherer Inkarnationen oder Wesen, die dich auf deinem Weg schon lange begleiten.
- ...Kehre schließlich im Roten Strahl durch die Tore zurück in dein Herz. Hier lässt du alles nach schwingen, damit du es leichter integrieren kannst. Wenn du bereit bist, spüre deinen physischen Körper und öffnest ganz langsam deine Augen.

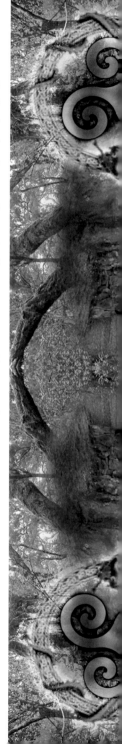

# SCHLUSSWORT

Die Meditationen, geistigen Reisen oder meditativen Übungen in diesem Band sind in höchstem Maße Toröffner in die Anderswelt mit wunderbaren Chancen der Ausdehnung und Entwicklung! Ich selbst war gewissermaßen im Höhen- und Tiefen-Rausch… und es rauscht weiter.

Jene Pforten, die sich geöffnet haben für dieses Buch, bringen uns in Verbindung mit Wesen und Räumen, die wir vielleicht seit Jahrhunderten nicht mehr wahrnehmen und lange nicht betreten konnten. Es sind planetarisch-kosmische Reisen in ihrer Essenz, durch welche jeder seine eigenen Initiationen erlebt und seine eigenen Wege finden wird.

Sie öffnen genau die richtigen Pforten, triggern die Erinnerungen, um die es geht und lassen vielfach den detaillierten Ausgang in das Unendliche und Ewige hinaus fließen!

Viele Jahre meiner Erfahrungen als Meditationslehrerin und Coach stecken (auch) in diesem Buch. Die Energiequalitäten der Quantensprünge, Segnungen und dergleichen sind vor allem auch in die jeweiligen Energy-Designs hinein gewoben. Mögen sie ein Sternenschlüssel sein für die Öffnung neuen Wissens, neuer Erfahrungen oder tief vergrabener Erinnerungen, die nun immer mehr aus den unterbewussten Räumen und Reichen aufsteigen. Denn nicht wir „steigen auf" sondern ES bewegt sich durch uns nach oben! Der Titel eines meiner letzten Bücher lässt sich somit ergänzen:

>>> Aufstieg ist Illusion – weil wir längst sind, was wir immer zu sein suchen!

In diesem Sinne geht es primär um unsere SELBSTREALISATION. Wir gelangen in Siebenmeilenschritten zu Erkenntnissen und Erfahrungen, die uns lange Zeit vorenthalten blieben, weil unsere Energien noch nicht hoch genug schwangen.

Im verschmolzenen Atem öffnen wir uns jetzt den lang verblichenen Zeiten und Räumen, deren Geschichten wir emporheben und aus einer neuen Sicht betrachten, damit sie nun heilen, sich transformieren können.

Möchtest du dich weiter informieren, so lies vielleicht in meinen anderen Büchern nach, wenn du magst oder meditiere regelmäßig mit uns innerhalb der Webinare! Hier öffnen sich viele Tore in der aktuellen Zeitqualität und wir sind in der Lage, kosmische Potenziale, von denen wir jahrhundertelang nur träumen konnten, endlich zu empfangen!

Schau einfach hin und wieder auf die Seiten des Lichtkristallverlages oder im Shop nach, dort sind alle neuen Bücher und Projekte integriert.

Lichtkristallgrüße<br>
Andrea Constanze Kraus

• Weitere Meditationen und geistige Reisen findest du unter:
www.lichtkristallverlag.de • www.lichtkristall-onlineshop.de

• Aktuelle Updates, Toröffnungen & Webinare zu spannenden Themen:
OM-Academy: http://omspirit-magazin.edudip.com.

**Quellenangaben:**

(1) S. 7 – Astralwelt = lat. astrālis „die Gestirne betreffend", abgeleitet von astrum „Stern, Gestirn, Sternbild", dies von altgriechisch ástron „Gestirn, Sternbild". Die Zwischenwelt im Islam und die „Welt von Yetzirah" in der Lurianischen Kabbala sind verwandte Konzepte. (Wiktionary)

(2) S. 7 – Der Weg durch die Astralreiche – Dr. George Arnsby Jones

(3) S. 26 – Christus,Hintergrundfoto, (Bildnachweis – B. Myers)

(4) S. 115 – Auszüge über das Kali-Yuga (Wikipedia)

# ÜBER DIE AUTORIN

Andrea Constanze Kraus:
Autorin, Meditationslehrerin, Coach und Künstlerin.

* 1961 > Gymnasium > Ausbildung Medienbranche > Kunst- & Antiquitätenhandel sowie einige andere berufliche Ausflüge.

Ab 1990: Redakteurin & Fotografin, Mutter. Ab 1994 selbstständig mit eigener Werbefirma, später Wellness- & Gesundheitsbranche / Naturkosmetikerin / Masseurin, Naturheilkundestudium (und div. Ausbildungen), nach persönlichen Reifungskrisen Kehrtwende und konsequenter Wechsel in die spirituelle Richtung, ab dieser Zeit Heilbegleitungen, Coaching und Meditation.

Aktuell ist sie Herausgeberin und kreativer Kopf des OMspirit-Magazins. Sie hält Webinare innerhalb der OM-Academy und bietet begleitende Coachings für SELBST-Realisation und Heilung an. Weitere Bücher (5) wurden bisher im Smaragdverlag sowie im Lichtkristallverlag veröffentlicht.

„Ich gebe mich gern dem kreativen Fluss des Lebens hin und realisiere immer mehr meinen seelisch-geistigen Auftrag: die stetige Realisation (m)eines SELBST! Aus der Präsenz heraus erfahre ich das LEBEN und alles, was aus mir herausfließen will".

Aktuelle Updates / Meditationen:
www.omspirit-magazin.de • www.omspirit-magazin.edudip.com

# Neue Publikationen der Autorin
>>> www.lichtkristallverlag.de • www.lichtkristall-onlineshop.de

**MASTER-TOOLS**
zur seelisch-geistigen Entwicklung
**49 Karten mit Anleitung im Schuber**
ISBN 978-3-945556-32-0 • 14,95 €
Ein kreatives und hochinspirierendes Kartenset für die persönliche Entwicklung. Die Karten sind im Alltag ein wertvoller Guide durch den Dschungel der vielen Prozesse und Tore, die sich öffnen! Die entsprechenden Hinweise und Übungen können leicht durchgeführt werden und alsdann zutiefst liebevoll in Fleisch und Blut übergehen! • 49 energiegeladene Karten mit einer gehaltvollen Kurzanleitung für die einzelnen Tools und entsprechende Übungen werden deine Entfaltung und Entwicklung im wahrsten Sinne explodieren lassen.

## Lichtkörper – Zeitloser Kalender
**A3 / A2-Kalender** – 14 Blatt, Energiegrafiken für den Wandel • ACK 1. Auflage 11/16 • ISBN 978-3-945556-41-2 • 29 €

Ein zeitloser Kunstkalender – reich bestückt mit hochschwingenden Energiegrafiken! In allen Bildern des Kalenders offenbart sich geistiges Wissen aus höheren Sphären, das über mehrere Jahre und Prozesse eingeflossen ist und vielfach medial empfangen wurde. Die enthaltenen Grafiken energetisieren Ihre Wohn-, Büro- und Geschäftsräume!

Die Bilder sind Darstellungen unseres Energiesystems im Wandel mit menschlichen Chakras und Ebenen. Somit ist dies genauso ein interessanter Blickfang für Therapie- und Heilräume.

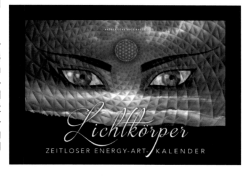

## Befreie dein Geld – 21 Tage-Zyklus
**DVD Audio-Workshop** • 21 Coaching-Sessions, mp3
+ ebook und Bonusmaterial • 978-3-945556-35-1 • 121 €

GELD schüttelt und brandmarkt die Menschheit seit Jahrhunderten, stürzt sie in klaffende Abgründe oder bringt Wonnen der Freude und des Genusses am süßen Leben hervor.. Gleichzeitig birgt jenes Wesen urmenschlicher Schöpfung große Potenziale und wartet längst darauf, jeden Einzelnen in goldener Erfüllung zu umarmen! Befreie Dich nun ENDgültig von alten Energiemustern der Armut und des Mangels! Dieser Workshop wird dir dabei unmittelbar helfen!

**Themen & Inhalte:** Inneres Kind • Banne, Verträge, Versprechen • Welt-Macht-Elite • Kollektivbewusstsein • Das Geldwesen nähren • Innerer und äußerer Reichtum • Geld & Körpergeist • Kapitalströme & Lebensflüsse aktivieren • Heilung unseres Selbstwertes • Transformation falscher Überzeugungen, Glaubenssätze • biologische Herkunft ehren • Blutfluss = Lebensfluss = Geldfluss • Money-Walk... u.a.

## 1. Planetare Wasserzeremonie
**CD Audio-Workshop** für die Menschheit & Mutter Erde
ISBN 978-3-945556-36-8 • 33 € • 12 Audio-Dateien + ebook als pdf

**Hilf mit, unsere Welt aktiv zu wandeln – JETZT!**
Genau darum geht es JETZT und HIER! Über 21 Tage schwingen wir innerhalb der Meditationen liebevoll mit den Wassern der Erde, in der Entsprechung zu unserem körpereigenen Wasserelement.
Indem wir das Wassersystem des Körpers näher betrachten, kann das Bewusstsein für die eigene Natur reifen. In kosmischer Alchemie bringen wir 21 kristalline Tropfen ein, die sich durch die Flüsse, Seen und Ozeane der Erde verteilen und heilsame wie liebevolle Informationsströme freisetzen.